Inhalt

W0280160

Die M10-Prüfung – Hinweise und Tipps

*Über den QR-Code kannst du **Lernvideos** zu wichtigen Rechtschreibregeln abrufen.*

Die schriftliche Prüfung

Die mündliche Prüfung

Übungsaufgaben im Stil der neuen Prüfung

Übungsaufgabe 1

Sobald die Original-Prüfungsaufgaben 2023 zur Veröffentlichung freigegeben sind, können sie mit den dazugehörigen Lösungen als PDF auf der Plattform *MyStark* heruntergeladen werden (Zugangscode vgl. Umschlaginnenseite).

Autorinnen:
Kristina Biebl (Übungsaufgaben)
Ariane Tronser (Lösungsvorschläge der Musterprüfungen und der Abschlussprüfung 2023)

Digitale Zusätze

Auf alle digitalen Zusätze kannst du online über die Plattform *MyStark* zugreifen. Nutze dafür den auf der Umschlaginnenseite abgedruckten **Link** und deinen persönlichen **Zugangscode**, den du dort freirubbeln kannst.

Interaktives Training

Aufgaben mit Tipps, Feedback und sofortiger Auswertung:

Grundlagentraining Sprachbetrachtung

Grundlagentraining Rechtschreiben

Prüfungstraining

1 Den Inhalt zusammenfassen
2 Fremdwörter erkennen
3 Textstellen wiedergeben
4 Sprachliche Mittel untersuchen
5 Diagramme analysieren
6 Karikaturen beschreiben und deuten
7 Innerer Monolog
8 Erörterung

MindCards

Interaktive Lernkarten zu wichtigen Fragen und Fehlerschwerpunkten

Digitales Glossar

Einfaches und schnelles Nachschlagen von Fachbegriffen, wie z. B. Textsorten, Stilmittel, Grammatikwissen

Lernvideos

Fünf Lernvideos zu wichtigen Rechtschreibregeln

Die Videos kannst du auch über den QR-Code oder den folgenden Link aufrufen:

https://stark-verlag.de/qrcode/rechtschreibung-deutsch

Im Hinblick auf eine eventuelle Begrenzung deines Datenvolumens empfehlen wir, dass du dich beim Ansehen der Videos im WLAN befindest.

Themen der Videos:

Großschreibung
Nominalisierung
Kommaregeln bei Haupt- und Nebensätzen
Kommasetzung bei Infinitivgruppen
Rechtschreibstrategien

Vorwort

Liebe Schülerin, lieber Schüler,

das vorliegende Buch hilft dir, dich effektiv auf die M10-Prüfung zum Erwerb des Mittleren Schulabschlusses im Fach Deutsch vorzubereiten. Seit dem Schuljahr 2022/2023 kommen hierfür **neue Prüfungsformate** zum Einsatz.

Im Kapitel **Hinweise und Tipps** kannst du dir zuerst einmal einen Überblick über Ablauf und Aufgabenformen der M10-Prüfung verschaffen. Es liefert dir außerdem Informationen zur mündlichen Prüfung.

Mit den anschließenden **Übungsaufgaben im Stil der neuen Prüfung** sowie den **offiziellen Musterprüfungen** für den neuen M10-Abschluss kannst du die zielsichere und erfolgreiche Bearbeitung der Aufgaben trainieren. Versuche, unter echten Prüfungsbedingungen zu üben und die Aufgaben jeweils in der vorgegebenen Zeit und nur mit den zugelassenen Hilfsmitteln zu lösen.

Zu allen Aufgaben findest du in diesem Buch ausführliche Musterlösungen. Die **Lösungen** ermöglichen es dir, deine Leistungen richtig einzuschätzen. Bei den Lösungstexten handelt es sich um Lösungsvorschläge, d. h., auch andere als die hier abgedruckten Lösungen können richtig sein. Oftmals hilft dir ein Blick in die Musterlösung beim Bearbeiten der Aufgabe wieder einen Schritt weiter.
Bei den Lösungen findest du zudem wertvolle **Hinweise** zur Bearbeitung der einzelnen Aufgaben. Sie verraten dir, wie du am besten vorgehst und worauf du beim Lösen der jeweiligen Aufgabe besonders achten musst.

Die **Original-Prüfungsaufgaben 2023** findest du auf der Plattform *MyStark* (Zugangscode siehe Umschlaginnenseite). Dort stehen auch die **Musterlösungen** zur neuen Prüfung zum Download bereit.

Auf *MyStark* stehen dir außerdem viele zusätzliche interaktive Aufgaben zur Prüfungsvorbereitung zur Verfügung. So kannst du auch am PC oder Tablet üben. Auch die MindCards, das digitale Glossar und die Lernvideos zur Rechtschreibung findest du dort.

Sollten nach Erscheinen dieses Bandes noch **wichtige Änderungen** für die Abschlussprüfung 2024 vom Kultusministerium bekannt gegeben werden, stellen wir diese ebenfalls auf die Plattform *MyStark*.

Viel Erfolg bei deinen Vorbereitungen und in der Prüfung!

Die M10-Prüfung – Hinweise und Tipps

Aus welchen Teilen besteht die Prüfung?

Die Abschlussprüfung im Fach Deutsch zum Erwerb des Mittleren Schulabschlusses an bayerischen Mittelschulen besteht aus einer schriftlichen und einer mündlichen Prüfung.

Die Bearbeitungszeit für die **schriftliche Prüfung** beträgt 215 Minuten. Du bekommst zwei Texte, einen literarischen und einen Sachtext, mit dazugehörigen Arbeitsaufträgen und wählst einen der beiden Texte zur Bearbeitung aus.

Die erzielten Punkte werden zu einer **Gesamtpunktzahl** addiert. Für die Bewertung der schriftlichen Prüfung im Fach Deutsch wird folgende Zuordnung von erreichter **Gesamtpunktzahl** und **Note** landeseinheitlich festgesetzt:

Punkte	50–42,5	42–34	33,5–25,5	25–17	16,5–8,5	8–0
Note	1	2	3	4	5	6

Die **mündliche Prüfung** dauert 15 Minuten, sie setzt sich aus einem Referat und einem Prüfungsgespräch zusammen.

Die schriftliche und mündliche Leistung werden in der Prüfungsnote im Verhältnis 3 : 1 gewichtet. Die **Gesamtnote** wird aus der Jahresfortgangsnote (die Leistungen im gesamten 10. Schuljahr) und der Prüfungsnote ermittelt. Die Jahresfortgangsnote wird dir vor Beginn der schriftlichen Abschlussprüfung mitgeteilt.

Einer **freiwilligen mündlichen Prüfung** kannst du dich unterziehen, wenn sich die Jahresfortgangsnote und die Prüfungsnote um eine Notenstufe unterscheiden und nach Auffassung des Prüfungsausschusses die schlechtere Note als Gesamtnote festzusetzen wäre.

Die schriftliche Prüfung

1 Allgemeine Informationen

Es stehen zwei Texte mit dazugehörigen Aufgabenstellungen zur Auswahl: ein **Sachtext** und ein **literarischer Text**. Die Texte werden in der Regel mit **diskontinuierlichen Texten** ergänzt. Das heißt, ihnen werden zusätzliche Informationsquellen (Zusatztext, Tabelle, Diagramm, Karikatur) beigefügt.

Du wählst **einen** der Texte aus und bearbeitest alle dazugehörigen Arbeitsaufträge. Um die richtige Textauswahl zu treffen, solltest du **beide Texte**, sowohl den literarischen Text als auch den Sachtext, sowie die zugehörigen **Arbeitsaufträge genau durchlesen**. Lasse dich bei der Entscheidung von den zugehörigen Aufgaben leiten: Wähle den Text, dessen Arbeitsaufträge dir einfacher erscheinen.

Die Prüfung enthält zum einen Aufgaben, mit denen du den **Text untersuchen** sollst. Anhand dieser Aufgaben wird geprüft, ob du den Text verstehst und dein **Textverständnis** schriftlich zum Ausdruck bringen kannst. Zum anderen wird von dir verlangt, **eigene Texte** zu **gestalten**. Damit wird deine **Kompetenz im Lernbereich Schreiben** geprüft.

*Über den QR-Code kannst du **Lernvideos** zu wichtigen Rechtschreibregeln abrufen.*

Achte in der gesamten Prüfung auf eine **grammatisch und rechtschriftlich korrekte Darstellung**. Diese fließt in die Bewertung mit ein. Du darfst während der Prüfung ein deutschsprachiges **Wörterbuch** nutzen. Schlage darin nach, wenn du unsicher bist, wie man ein Wort schreibt oder was es bedeutet. Eine **saubere äußere Form** hilft dir zudem dabei, den Überblick zu behalten, und stellt sicher, dass die Prüfer*innen deine Lösungen verstehen und richtig zuordnen können.

2 Den Text untersuchen

Die Arbeitsaufträge bleiben nahe am Text und fordern dich im Wesentlichen zum genauen Durchlesen und Untersuchen des Textes auf. Ergebnisse müssen in der Regel in Form von **Zitaten** und/oder **kurzen eigenen Ausführungen in ganzen Sätzen** festgehalten werden.

Arbeitsaufträge, die zum Untersuchen des Textes auffordern:
- Bestimmen Sie die Textsorte und nennen Sie hierfür ein typisches Merkmal.
- Stellen Sie die Absicht des Autors/der Autorin kurz dar und verdeutlichen Sie dies durch zwei entsprechende Textbelege.
- Erklären Sie die unterstrichenen Ausdrücke in den folgenden beiden Sätzen mit eigenen Worten.

- In den Zeilen … findet sich jeweils das Stilmittel des Parallelismus. Erläutern Sie dessen Funktion im Text.
- Benennen Sie zwei weitere verwendete Stilmittel und belegen Sie diese jeweils durch ein Beispiel aus dem Text.
- Zitieren Sie zwei Textstellen, die … verdeutlichen. Achten Sie auf eine korrekte Zitierweise.
- Begründen Sie diese Aussage ausführlich mithilfe von drei konkreten Beispielen aus dem Text. Schreiben Sie einen zusammenhängenden Text.
- Der vorliegende Romanausschnitt kann unterschiedlich interpretiert werden. [vorgegebener Deutungssatz] Begründen Sie diese Deutung ausführlich und belegen Sie sie mit zwei passenden Textstellen.
- Formulieren Sie einen eigenen Deutungsansatz. Begründen Sie Ihre eigene Deutung ausführlich und belegen Sie sie mit einer passenden Textstelle.
- Beschreiben Sie die Karikatur detailliert und interpretieren Sie diese.
- Beschreiben Sie die Abbildung.
- Die Grafik zeigt relevante Kriterien für … Geben Sie auf der Grundlage einer Grafikauswertung eine begründete Einschätzung zu …

Textsorte bestimmen

Jede Textsorte hat **typische Merkmale.** Achte beim Lesen des Textes auf diese Merkmale und bestimme so die Textsorte. Im Folgenden findest du drei gängige Beispiele.

Reportage

- lebendige und anschauliche Darstellung eines Ereignisses oder Sachverhaltes
- basiert auf Recherche und nachweisbaren Fakten
- enthält Zitate von Expert*innen als Belege
- verbindet persönliche Eindrücke und Beobachtungen mit sachlichen Informationen

Zeitungsbericht

- informiert sachlich und knapp über ein Ereignis oder einen Sachverhalt
- klärt wichtige W-Fragen
- sachlicher Sprachstil ohne wörtliche Rede
- enthält keine Gefühle, Wertungen und persönliche Meinungen

Kurzgeschichte

- kurze Erzählung
- unmittelbarer Beginn der Handlung (keine Einleitung)
- beschränkt auf wenige Figuren und eine zentrale Handlung oder einen zentralen Konflikt
- behandelt meist den Alltag einer oder mehrerer Personen
- enthält häufig einen Wendepunkt
- meist offenes oder überraschendes Ende

Absicht des Autors/der Autorin darstellen

Die **Textsorte** gibt in der Regel schon einen Hinweis auf die Absicht des Textes. Mit einem Bericht möchte ein Autor oder eine Autorin beispielsweise informieren. Lies den Text zudem aufmerksam und achte darauf, welche **Wirkung** er auf dich hat. Daraus kannst du ebenfalls die Absicht des Autors oder der Autorin ableiten. Achte auf **Formulierungen im Text** und auf seinen Inhalt. Wird an die Leser*innen appelliert oder Kritik geübt? Werden Informationen wiedergegeben oder Vor- und Nachteile eines Sachverhalts geschildert? Formuliere die Textabsicht in eigenen Worten und ganzen Sätzen.

Ausdrücke erläutern

Bei dieser Aufgabenstellung musst du die Bedeutung von **Fremdwörtern** oder **Fachausdrücken** mit eigenen Worten erklären.

TIPP

- Überlege zunächst, welcher **deutsche oder verwandte Begriff** zu dem Ausdruck passt.
- Schlage dir unbekannte Wörter im **Wörterbuch** nach oder versuche sie aus dem **Textzusammenhang** zu verstehen.
- Schreibe eine verständliche Erklärung **in eigenen Worten** und ganzen Sätzen.

Stilmittel erkennen und ihre Funktion erläutern

Meist wird in der Prüfung ein **Stilmittel** aus dem Text genannt, für das du ein oder mehrere Beispiele aus dem Text **finden** und/oder dessen Wirkung oder Funktion du **erläutern** sollst. Außerdem musst du häufig weitere verwendete Stilmittel **nennen** und mit Beispielen aus dem Text belegen.

Besonders häufig kommen **sprachliche Bilder** als Stilmittel zum Einsatz. Ein sprachliches Bild ist ein Vergleich, eine Metapher oder eine Personifikation.

Vergleich Bei einem Vergleich werden Ähnlichkeiten oder Unterschiede von Personen oder Gegenständen durch „wie“ oder „als“ gegenübergestellt, z. B.: *Herkules war so stark wie ein Stier.*

Metapher Bei einer Metapher wird ein Wort oder eine Wortgruppe aus dem ursprünglichen Bedeutungszusammenhang herausgenommen und auf einen anderen übertragen, z. B.: *Mir raucht der Kopf.*

Personifikation Bei einer Personifikation bekommen ein Tier, eine Pflanze, ein Gegenstand oder ein abstraktes Ding menschliche Eigenschaften oder Verhaltensweisen, z. B.: *Die Zeit rennt.*

TIPP

- Lies den Text genau und **markiere** das gesuchte Stilmittel.
- Denke an die **ursprüngliche Bedeutung** des Stilmittels und sieh dir die **Bedeutung im Textzusammenhang** an.
- Überlege, welche **Wirkung** der Text durch das Stilmittel auf dich hat.
- Erläutere Bedeutung und Wirkung des Stilmittels **in eigenen Worten**.
- Verdeutliche die Bedeutung anhand eines **Beispiels**. Dies kann auch in einer weiteren Teilaufgabe gefordert werden.

Eine Aussage oder Deutung mit einem Zitat belegen

Häufig musst du eine **Stelle aus dem Prüfungstext zitieren**, um eine Behauptung oder eine vorgegebene Deutung zu belegen. Die Aufgabenstellung lautet hier z. B.: „Zitieren Sie eine Stelle aus dem Text, aus der dies hervorgeht." Es ist also ein **direktes Zitat** gefordert.

TIPP

- Unterstreiche die **Schlüsselwörter in der Aufgabenstellung**, damit du genau weißt, welche Informationen du suchen sollst.
- Lies den **Text** noch einmal genau durch und markiere hier ebenfalls die **Schlüsselwörter**.
- Schreibe die passenden Textstellen heraus. Beachte die **korrekte Zitierweise**:
  1. Setze den zitierten Text in **Anführungszeichen**.
  2. Füge **[…]** ein, wenn du Wörter auslässt.
  3. Gib in Klammern die **Zeilennummer** an, in der der Text steht.

  Beispiel: „Dieser Guylain mochte […] durchgeknallt sein – aber sein Brief haute mich einfach um." (Z. 46/47)

Einen Deutungsansatz begründen

Bei dieser Art von Aufgaben wird dir eine Interpretation des Textes in Form eines **Deutungsansatzes vorgelegt**, die du nicht nur mit Beispielen aus dem Text belegen, sondern auch **begründen** sollst.

TIPP

- Unterstreiche die **Schlüsselwörter in der vorgegebenen Deutung**.
- Lies den Text noch einmal genau durch und **markiere Stellen**, die zu der Deutung oder der darin beschriebenen Situation passen.
- Überlege, wie du den **Zusammenhang** zwischen den markierten Textstellen und der vorgegebenen Deutung erklären würdest, und schreibe deine Begründung **in eigenen Worten** auf.
- **Untermauere** deine Begründung mit den markierten **Textstellen**.

Einen eigenen Deutungsansatz formulieren

Möglicherweise wird in der schriftlichen Prüfung eine **eigene Interpretation** des Textes von dir verlangt, die du **begründen** und mit Textstellen **belegen** sollst.

TIPP

- Überlege, was dir beim bisherigen Lesen des Textes besonders in Erinnerung geblieben ist. Hattest du Ideen, wie der Text weitergehen könnte? Gab es Stellen, die dich verwundert haben? Das sind **Ansatzpunkte** für einen eigenen Deutungsansatz.
- Lies den Text noch einmal genau durch und **markiere Stellen**, die zu deinen ersten Ideen für eine Interpretation passen.
- Überlege, wie du den **Zusammenhang** zwischen den markierten Textstellen **erklären** würdest, und **formuliere** daraus einen **Deutungsansatz**.
- **Begründe** deinen Deutungsansatz **in eigenen Worten**.
- **Untermauere** deine Begründung mit den markierten **Textstellen**.

Karikaturen und Bilder beschreiben und interpretieren

Häufig enthält die Prüfung Karikaturen und/oder Bilder, die du beschreiben und oft auch interpretieren musst. Du kannst dabei folgendermaßen vorgehen:

Vorarbeit Sammle dein **Vorwissen**. Du hast den dazugehörigen Text bereits gelesen und Informationen zum Thema gesammelt. Sieh dir nun die Karikatur oder das Bild an und überlege, worum es geht.

Beschreibung **Betrachte** die Abbildung **genau** und beschreibe die **dargestellte Situation**. Wo findet diese statt? Welche Sachverhalte oder Personen sind zu sehen? Wie sehen die Personen aus und was sagen diese? Wie wirken Titel, Beschriftungen und Sprechblasen zusammen? Beziehe Hinweise auf Veröffentlichungsort und -zeitpunkt der Karikatur/des Bilds mit ein.

Interpretation Falls eine Interpretation gefordert ist, musst du deine **Erkenntnisse** nun in den Textzusammenhang **einordnen**. Meist handelt es sich bei der Abbildung um eine kritische Betrachtung des Themas. Erkläre, woran Kritik geübt wird und wie diese vermittelt wird.

Diagramme und Tabellen auswerten

Auch Diagramme und Tabellen sind ein möglicher Bestandteil der schriftlichen Prüfung. So kannst du sie auswerten:

Vorarbeit Sammle dein **Vorwissen**. Betrachte das Diagramm/die Tabelle und denke dabei an den Textzusammenhang. Welche Informationen werden dargestellt? Beachte hierzu die Überschrift und die Quelle der Abbildung. Verfasse einen Einleitungssatz mit dem **Thema** des Diagramms/der Tabelle und gib auch an, woher die Informationen stammen (z. B. Befragung von 2 000 Personen in Deutschland im Jahr 2019). Beachte außerdem, **wie** die Informationen dargestellt werden (z.B. Tabelle, Kreisdiagramm, Balkendiagramm) und in welcher **Einheit** sie angegeben sind.

Beschreibung Jetzt gehst du ins **Detail**. Lies den höchsten und den niedrigsten Wert ab. Gehe auch auf die **Entwicklung** der Werte ein. Steigen oder fallen sie? **Vergleiche** die Werte zudem, wenn in der Darstellung Dinge gegenübergestellt werden (z. B. Einkommen von Frauen und Männern).

Interpretation Finde eine **Erklärung** für die Werte. Was sagen sie aus? Woher kommt die dargestellte Entwicklung? Hier musst du dein Vorwissen aus dem Text einbeziehen. Ziehe **Schlussfolgerungen** und gehe dabei auf die jeweilige Aufgabenstellung ein. Es kann z. B. sein, dass du anhand deiner Auswertung eine **Einschätzung** zu einer zukünftigen Entwicklung abgeben musst (z. B. Chance auf eine Beziehung zwischen den Hauptpersonen des Textes).

3 Texte gestalten

Diese Arbeitsaufträge gehen einerseits über den Text hinaus und fordern andererseits zur **Gestaltung eines eigenen Textes** auf. Die geforderten Texte können einen engen Bezug zum Lesetext und seinen ergänzenden Quellen haben (z. B. Inhaltsangabe, innerer Monolog der Hauptfiguren, Dialog zwischen Personen aus dem Text) oder sich nur noch leicht an die Thematik des Lesetexts anlehnen (z. B. bei einer Erörterung).

Beginne die Arbeit an deinen Texten immer mit einer **Planungsphase**. Halte deine Ideen und Schreibziele dabei in einem Cluster, einer Mindmap oder in Stichpunkten fest.

Denke beim Ausformulieren an abwechslungsreiche Satzmuster, unterschiedliche Satzanfänge und sinnvolle Überleitungen. Deine Wortwahl sollte treffend sein und zur Textsorte passen (z. B. Fachbegriffe bei einer Erörterung).

Im Folgenden werden dir die verschiedenen Möglichkeiten der Gestaltung eines Textes vorgestellt.

3.1 Inhaltsangabe

Der Leser/die Leserin wird sachlich über die **wesentlichen Inhalte** eines Textes informiert, d. h., es werden ausschließlich die Sachzusammenhänge dargestellt und keine Deutungen vorgenommen.

Arbeitsaufträge, die zu einer Inhaltsangabe auffordern:
- Fassen Sie den Text zusammen.
- Geben Sie den Textinhalt wieder.
- Informieren Sie über das Wesentliche.

Orientiere dich beim Ausarbeiten einer Inhaltsangabe an den folgenden Punkten:

Aufbau

Einleitung
Nenne zunächst **Titel**, **Autor bzw. Autorin** und **Textsorte** und gib in ein bis zwei Sätzen einen **Überblick** über das gesamte Geschehen, das im Text dargestellt ist. Sollten einzelne Informationen nicht angegeben sein, kannst du sie natürlich weglassen.

Hauptteil
Informiere in **Grundzügen** über den Textinhalt. Stelle dabei die **zentralen Aussagen** des Textes bzw. Textabschnitts so **kurz** wie möglich, **sachlich** und **objektiv** dar.

Schluss
Eine klassische Inhaltsangabe hat **keinen Schluss**. Schreibe diesen nur dann, wenn in der Aufgabenstellung ein Fazit oder eine kurze Interpretation des Textes verlangt wird. Fasse dann die Kernaussage(n) des Textes zusammen, indem du Formulierungen wie: „Die Geschichte zeigt, wie …“ oder „Es wird deutlich, dass …“ verwendest.

Sprache
- keine wörtliche Rede, sondern bei Bedarf indirekte Rede
- kurze und eigene Formulierungen
- sachlicher Sprachstil
- Zeitform: Präsens (Gegenwart)

TIPP
- Lies den Text gründlich durch und **kläre unverstandene Begriffe** und **Zusammenhänge**.
- Markiere alle **wesentlichen Gesichtspunkte**, schreibe sie heraus und bringe sie in eine sinnvolle Reihenfolge.
- Schreibe die Inhaltsangabe mit **eigenen Worten** auf.
- **Verknüpfe** deine **Sätze** miteinander. Verwende Adverbien oder Konjunktionen (*anschließend, danach, weil, obwohl, wenn* usw.)

3.2 Erzählende Texte

Erzählende Texte schildern meist eine **Alltagsgeschichte**, die z. B. in Form einer Urlaubserzählung, eines Märchens oder eines Tagebucheintrages gestaltet werden kann. Wenn es nicht ausdrücklich in der Aufgabenstellung angegeben wird, steht dir frei, welche Textsorte du wählst.

Wichtig ist, dass die **Textsorte** anhand ihrer **typischen Merkmale** zu erkennen ist.

Arbeitsaufträge, die zum Erzählen auffordern:
- Schreiben Sie einen Erzähltext. Setzen Sie dabei entsprechende sprachliche und stilistische Mittel des erzählenden Schreibens ein.
- Versetzen Sie sich in den Meeresschützer und schreiben Sie die Geschichte in Form eines Erzähltextes auf.

Erlebnis- und Fantasieerzählung

Eine **Erlebniserzählung** stellt ein persönliches Erlebnis oder eine persönliche Erfahrung dar. Eine **Fantasieerzählung** schildert Dinge aus der Vorstellungswelt. Du kannst die Erzählung in der Ich-Perspektive, aber auch aus der Sicht einer anderen Person oder eines außenstehenden Erzählers/einer außenstehenden Erzählerin verfassen. Achte darauf, was die Aufgabenstellung vorgibt.

Gehe bei der Ausarbeitung deiner Erzählung folgendermaßen vor:

Aufbau

Finde eine passende **Überschrift**. Du kannst sie dir auch nach dem Verfassen der Geschichte überlegen.

Einleitung
Formuliere einen einleitenden Gedanken, der die **Ausgangssituation** erklärt, und zum Erlebnis/Ereignis hinführt. Gehe dabei noch nicht auf Einzelheiten ein.

Hauptteil
Führe den Leser/die Leserin in **Erzählschritten** stufenweise zum Höhepunkt der Geschichte, die er/sie als lebendig und spannend empfinden soll. Führe **Einzelheiten** aus, die deine Geschichte anschaulich machen. Wichtig ist, dass du **inhaltliche Vorgaben** aus der Aufgabenstellung **berücksichtigst** und in deinem Text keine Widersprüche entstehen.

Schluss
Mit einem **abschließenden Gedanken**, der sich möglichst noch einmal auf die Ausgangssituation bezieht, rundest du deinen Erzählext ab.

Sprache

- Sprachstil an Thema oder Textvorlage anpassen
- treffende Wörter, Redewendungen und Stilmittel einarbeiten
- Gedanken und Gefühle der handelnden Personen darstellen
- wörtliche Rede verwenden
- Zeitform: Präteritum bzw. Zeitform der Textvorlage

TIPP

- Konzentriere dich auf **ein zentrales Ereignis**.
- Denke an den **roten Faden** und den **Spannungsbogen**.

Märchen

Ein Märchen ist eine kurze Erzählung, die sowohl in einer ausgedachten als auch in der realen Welt spielen kann und unrealistische, meist magische Elemente enthält. Es kommt immer eine **mutige und kluge Heldenfigur** vor, die eine Aufgabe oder Prüfung bestehen muss.

Orientiere dich beim Ausarbeiten eines Märchens an folgenden Punkten:

Aufbau Finde eine treffende **Überschrift**, die darauf hinweist, worum es in dem Märchen geht. Du kannst die Überschrift auch am Ende formulieren.

Einleitung
Ein Märchen beginnt mit dem typischen Einleitungssatz **„Es war einmal …“**. Außerdem gibst du hier an, welche Personen in der Geschichte vorkommen und wo das Geschehen stattfindet.

Hauptteil
Der Hauptteil enthält die für das Märchen typische **Prüfung oder Aufgabe für die Hauptpersonen**. Das ist auch gleichzeitig der Höhepunkt der Handlung. In einem Märchen siegt das Gute immer über das Böse oder es wird ein Fluch gelöst.

Schluss
Im Schluss erzählst du, wie es mit den Personen nach ihrer Prüfung oder Aufgabe weitergeht. Es gibt immer ein **Happy End**. Typischerweise steht am Ende eines Märchens der Satz „Und wenn sie nicht gestorben sind, dann leben sie noch heute“.

Sprache

- aus der Sicht des Erzählers/der Erzählerin geschrieben
- magische Elemente nennen: z. B. Zauberkräfte, Schloss, Zahl 7, finsterer Wald, Riesen
- Figuren in der Regel ohne Namen
- an Figuren und Handlungsort angepasster Sprachstil (Königinnen und Prinzen sprechen anders als Räuber oder Hexen.)
- Zeitform: Präteritum (Vergangenheit)

TIPP

- Überlege, welche **sympathischen und positiven Fähigkeiten** deine Hauptfigur haben soll.
- Lege ein **herausforderndes Ziel** für deine Hauptperson fest.
- Sei **kreativ** und **fantasievoll**.
- Beachte den typischen **Anfangs- und Schlusssatz** eines Märchens.

Tagebucheintrag

In einem Tagebucheintrag hält man **Gefühle und Gedanken** fest. Meist gibt es einen konkreten **Anlass** für einen Eintrag: Liebeskummer, Probleme oder schöne Erlebnisse. Ein Tagebucheintrag ist nur für den Verfasser/die Verfasserin gedacht und daher meist **sehr persönlich**. Man würde das Geschriebene nicht mit anderen teilen.

Beachte beim Ausarbeiten eines Tagebucheintrags die folgenden Punkte:

Aufbau

Einleitung
Beginne deinen Eintrag mit: **„Liebes Tagebuch …“** (links oben) und dem **Datum** des Eintrages (rechts oben). Du kannst dann direkt mit dem **Anlass** einsteigen und je nach Aufgabenstellung das aktuelle Erlebnis der schreibenden Person nennen.

Hauptteil
Hier beschreibst du das Erlebnis und seine Auswirkungen auf die schreibende Person. Versuche, dich in die Person hineinzuversetzen und ihre **Gefühle**, **Gedanken** und **Eindrücke** genau zu schildern. Schreibe in der Ich-Perspektive. Wähle treffende und aussagekräftige Verben und Adjektive, um einen **anschaulichen Eindruck** zu vermitteln.

Schluss
Beende deinen Eintrag mit einem **Schlussgedanken**, einem **Blick in die Zukunft** oder der **Frage**, wie die jeweilige Situation weitergehen könnte.

Sprache

- Sicht der gewählten Person: Ich-Perspektive
- Schilderung von Gedanken und Gefühlen
- an die schreibende Person angepasster Sprachstil (z. B. unvollständige Sätze, Umgangssprache)
- Zeitform: Präsens (Gegenwart) oder Präteritum (Vergangenheit)

TIPP

- Behalte das **Ereignis im Blick**, über das du schreiben möchtest.
- Versetze dich in die schreibende Person. Überlege, welche **Gedanken**, **Gefühle** und **Wahrnehmungen** sie hat.
- Beachte Angaben wie **Anrede, Ort und Datum** des Eintrags.

Innerer Monolog

Ein innerer Monolog ist ein **gedankliches Selbstgespräch**. Er wird in der Ich-Form geschrieben.

Arbeitsaufträge, die zu einem inneren Monolog auffordern:
- Schreiben Sie vier mögliche Gedanken des Mannes in Form eines inneren Monologs auf.
- Verfassen Sie einen möglichen inneren Monolog des Briefschreibers. Formulieren Sie drei ausführliche Gedankengänge.

Bei der Ausarbeitung eines inneren Monologs solltest du dich an folgenden Punkten orientieren:

Aufbau *Einleitung*
Der innere Monolog beginnt mit der **Ausgangssituation**, die aus der Sicht der Figur knapp geschildert wird.

Hauptteil
Darauf folgt ein Einblick in die **Gedanken- und Gefühlswelt** der Person. Überlege, was in ihr vorgeht, was sie beschäftigt und was ihr wichtig ist.

Schluss
Am Ende kann eine **Schlussfolgerung** stehen.

Sprache
- Ich-Perspektive
- Alltagssprache, umgangssprachliche Ausdrücke
- Schilderung von Gedanken und Gefühlen
- unsortierte oder abschweifende Gedankengänge
- unvollständige Sätze, Ausrufe und Fragen an sich selbst möglich
- Zeitform: Präsens (Gegenwart); Präteritum (Vergangenheit) nur bei vergangenen Ereignissen oder Erinnerungen

TIPP
- Versetze dich in die Person, aus deren Sicht du den inneren Monolog schreiben sollst. Überlege, welche **Gedanken**, **Gefühle** und **Wahrnehmungen** sie hat.
- Mach dir stichpunktartige **Notizen**.
- Beachte, wie viele **Gedankengänge** du ausformulieren sollst.

Dialog

Ein Dialog ist ein **Gespräch** zwischen zwei oder mehreren Personen.

Arbeitsaufträge, die zu einem Dialog auffordern:
- Verfassen Sie ein mögliches Telefongespräch in Dialogform in sechs Sprechakten (wörtliche Rede).
- Führen Sie den Dialog in Form einer Diskussion fort.

Bei der Ausarbeitung eines Dialogs solltest du dich an folgenden Punkten orientieren:

Aufbau Ein Dialog ist in die sich abwechselnden **Sprechakte** der einzelnen Personen gegliedert. Die Aufgabenstellung gibt in der Regel vor, wie viele Sprechakte vorkommen sollen. Die Interessen der am Dialog beteiligten Personen müssen klar erkennbar sein. Jeder neue Sprechakt beginnt in einer neuen Zeile.

Sprache
- wörtliche Rede mit entsprechender Zeichensetzung
- Sprachstil, der zu den Figuren passt (z. B. Jugendsprache)
- lebendige Gestaltung durch Ausrufe und Adjektive, die Gefühle verdeutlichen

TIPP

- Versetze dich in die **Situation der Personen**, die am Dialog beteiligt sind.
- Notiere die **Anliegen** und **Gedanken** der sprechenden Personen.
- Stelle eine **konkrete Handlung** oder einen **Konflikt** dar. Achte hierbei auf die Aufgabenstellung.

3.3 Appellierende Texte

Brief und E-Mail

Die Form eines Briefs und einer E-Mail hängt von folgenden Kriterien ab:
- Wer ist der **Adressat** (Empfänger)?
- Welchen **Inhalt** möchte man vermitteln?
- Welches **Ziel** will man beim Adressaten erreichen?

Grundsätzlich unterscheidet man zwei Arten von Briefen: den persönlichen und den sachlichen Brief.

Persönlicher Brief

Persönliche Briefe schreibt man an Menschen, die man **persönlich kennt**, z. B. Freund*innen, Verwandte, Mitschüler*innen. In der Prüfung musst du dabei jeweils die Perspektive der Person einnehmen, aus deren Sicht du den Brief schreiben sollst.

Orientiere dich beim Ausarbeiten des Briefs an folgenden Punkten:

Aufbau

Anrede (links oben), **Ort** und **Datum** (rechts oben)

Einleitung
Falle nicht „mit der Tür ins Haus", sondern wähle für den Einstieg einen geeigneten **Anlass**. Das kann z. B. ein aktuelles Erlebnis der Person sein, aus deren Sicht du schreibst.

Hauptteil
Hier formulierst du dein Anliegen, das, was du dem Empfänger/der Empfängerin mitteilen möchtest. Versuche, dich in die Situation der Person hineinzuversetzen, die den Brief schreibt. Schildere ihre **Gefühle**, **Gedanken** und **Eindrücke** so, als ob du die betreffende Person wärst. Vergiss nicht, deine Aussagen auch zu begründen. Es handelt sich zwar nicht um eine Erörterung, aber nur so wird der Empfänger/die Empfängerin das, was du ihm/ihr mitteilen willst, auch **nachvollziehen** können. Ist in der Aufgabenstellung keine **Gestaltungsform** vorgegeben, liegt die Entscheidung bei dir, ob du berichtest, beschreibst oder erzählst. Du kannst auch eine Mischform wählen. Auch wenn der Inhalt dieser Briefe persönlich ist, sollest du auf eine **angemessene Ausdrucksweise** achten.

Schluss
Überlege dir einen passenden „**Ausstieg**". Beispielsweise kannst du den Wunsch auf ein baldiges Wiedersehen formulieren.

Vergiss **Grußformel** und **Unterschrift** nicht.

Sprache
- angemessene Ausdrucksweise (nett und höflich gegenüber Bekannten, freundlich gegenüber Verwandten, vertraut gegenüber Freund*innen)
- Anreden können im persönlichen Brief klein- oder großgeschrieben werden (du/Du, dein/Dein, euch/Euch, euer/Euer …).
- Zeitform: Die Zeitform ist abhängig davon, ob du berichtest, erzählst, beschreibst etc.

TIPP

- **Kläre** die Frage: Wem will ich was sagen?
- Notiere **Gedanken** und **Gefühle**, die die Person in ihrem Brief mitteilen möchte.
- Ordne deine Notizen so, dass du das **Ziel** deines Briefs erreichst.
- Sprich den Empfänger/die Empfängerin **direkt** an und stelle ihm/ihr **Fragen**.
- Beachte **formale Angaben:** Ort und Datum, Anrede, Grußformel und Unterschrift.

Sachlicher Brief

Zu den sachlichen Briefen zählen z. B. der **Leserbrief**, der **Antrag** oder die **Beschwerde**. Du richtest dich darin an eine Institution, eine Behörde oder an eine **offiziell** verantwortliche Person. Bemühe dich, dein Anliegen **sachlich** und **höflich** vorzutragen, damit der Empfänger/die Empfängerin das tut, um was du ihn/sie bittest.

Arbeitsauftrag, der zum Schreiben eines sachlichen Briefs auffordert:
Verfassen Sie zu einem für Sie wichtigen Punkt aus dem Zeitungsartikel einen Leserbrief, in dem Sie Zustimmung oder Kritik deutlich machen.

Bei der Ausarbeitung eines sachlichen Briefs solltest du dich an diesen Punkten orientieren:

Aufbau Absender mit Anschrift, darunter Empfänger/Empfängerin mit Anschrift, Ort und Datum am rechten Rand, Betreff am linken Rand, darunter die Anrede

Einleitung
Nenne hier den **Schreibanlass** für den Brief und/oder umreiße kurz den Briefinhalt.

Hauptteil
Lege **inhaltliche Schwerpunkte** fest, um deine Interessen klar zum Ausdruck zu bringen. Begründe dein Anliegen bzw. deine Meinung zu einem

bestimmten Sachverhalt mithilfe von Argumenten und führe diese aus. Formuliere dabei möglichst sachlich. Sind deine Gründe nachvollziehbar und ist die Aufforderung an den Empfänger/die Empfängerin unmissverständlich formuliert, wird der Brief sein Ziel nicht verfehlen.

Schluss
Runde sachliche Briefe mit einem Hinweis auf die **erwartete Reaktion** (Antwortbrief, Telefonat …) und/oder mit einem Blick in die Zukunft ab.

Vergiss **Grußformel** und **Unterschrift** nicht.

Sprache

- höfliche Anrede und Grußformel (*Sehr geehrte/r …; Mit freundlichen Grüßen*)
- Höflichkeitspronomen (Sie, Ihre …) werden immer großgeschrieben.
- sachlich, knapp, klar, eindeutig formulieren
- zur Erklärung notwendige Fachbegriffe einbringen
- kurze Aussagesätze
- Zeitform: abhängig vom Briefinhalt

TIPP

- **Kläre** die Frage: Wem will ich was sagen?
- Notiere das **Anliegen**, das du dem Empfänger/der Empfängerin mitteilen möchtest.
- Ordne deine Gedanken so, dass du das **Ziel** deines Briefs erreichst.
- Formuliere deutlich, welche **Reaktion** oder Maßnahme du vom Empfänger/von der Empfängerin deines Briefs erwartest.

E-Mail

Eine E-Mail ist genauso aufgebaut **wie ein Brief**. Ort und Datum lässt du hier weg und den Betreff schreibst du in das dafür vorgesehene Feld in deinem E-Mail-Programm.

Sprachstil und Aufbau hängen auch bei einer E-Mail davon ab, an wen du schreibst und was du erreichen möchtest. Unterscheide zwischen einer **persönlichen und sachlichen E-Mail** und orientiere dich jeweils an den Ausführungen zum persönlichen oder sachlichen Brief.

Aufruf/Appell

Ein Aufruf ist ein Text, mit dem du eine bestimmte **Zielgruppe** von etwas **überzeugen** oder eine **Verhaltensänderung bewirken** möchtest.

Arbeitsaufträge, die zu einem Aufruf/Appell auffordern:
- Verfassen Sie einen Text, in dem Sie Ihre Leserinnen und Leser aufrufen, mutig zu sein und einen Neuanfang zu wagen.
- Verfassen Sie einen Text, in dem Sie die Leser*innen aufrufen, ihren Alltag klimaverträglicher zu gestalten.

Bei der Ausarbeitung eines Aufrufs solltest du dich an folgenden Punkten orientieren:

Aufbau

Beginne deinen Text mit einer einprägsamen und Aufmerksamkeit erregenden Überschrift. Diese kann provokativ auf das Thema hinweisen.

Einleitung
Führe kurz zum Thema hin, indem du die **Ausgangssituation** knapp benennst. Nutze hierfür z. B. ein Erlebnis oder ein Problem, das deine Zielgruppe kennt, oder stelle eine (provokative) Frage an sie. Mit der Einleitung möchtest du die **Aufmerksamkeit** deiner Zielgruppe gewinnen und ihr **Interesse** wecken.

Hauptteil
Führe das Thema weiter aus und bleibe dabei nah an der Lebensrealität deiner Zielgruppe, um ihr Interesse zu halten. Rufe zu einer **Verhaltensänderung** auf. Untermauere deine Forderungen mit Argumenten, Zahlen und Daten (z. B. aus dem Prüfungstext), um deine Zielgruppe von deinem Anliegen zu **überzeugen**. Du musst bei deinen Leser*innen den **Wunsch** auslösen, etwas zu ändern. Zeige ihnen konkrete **Handlungsschritte** auf, damit sie ihren Wunsch schnell in die Tat umsetzen können. Gliedere den Text in sinnvolle Abschnitte und sprich deine Zielgruppe direkt an.

Schluss
Beende deinen Appell mit einer klaren **Aufforderung**, die dein Anliegen noch einmal zusammenfasst.

Sprache

- direkte Ansprache: du/wir
- kurze, prägnante Sätze
- Verben, die die Aufforderung unterstreichen, z. B.: *fordern, sollen, auf etwas bestehen, jemanden brauchen*
- Imperativ, z. B.: *Mach mit! Verzichte! Sag's weiter!*
- einprägsame Slogans, z. B.: *Mut tut gut!*

TIPP

Wende die **AIDA**-Formel an:
- **A**ttention – Aufmerksamkeit erregen
- **I**nterest – Interesse erzeugen
- **D**esire – Wunsch auslösen, etwas zu tun
- **A**ction – zum Handeln anregen

3.4 Argumentative Texte

Kommentar

Ein Kommentar wird häufig in Zeitungen und Zeitschriften veröffentlicht. Er behandelt aktuelle Ereignisse, zu denen der Autor/die Autorin klar

Stellung bezieht. Das Ziel ist, zur Meinungsbildung der Leser*innen beizutragen.

Bei der Ausarbeitung eines Kommentars solltest du dich an diesen Punkten orientieren:

Aufbau

Einleitung
Führe zum **Thema** deines Kommentars hin, indem du Bezug auf die Aufgabenstellung nimmst. Benenne das Ereignis, das du kommentierst, und mache deine **Meinung** bereits deutlich.

Hauptteil
In den Hauptteil schreibst du **Argumente**, die deine Meinung zum Thema unterstützen. Beginne mit dem schwächsten Argument und ende mit dem stärksten. Unterfüttere deine Argumente mit Zahlen und Fakten. Zeige den Leser*innen damit deine **Fachkompetenz**. Du möchtest sie von deinem Standpunkt **überzeugen**.

Schluss
Zum Schluss bringst du deine **Meinung** noch einmal **auf den Punkt**.

Sprache

- subjektiver, wertender und überzeugender Sprachstil
- lebendige Gestaltung, z. B. durch Ironie
- Einsatz von Zitaten aus dem Prüfungstext und den Materialien
- Zeitform: Präsens (Gegenwart)

TIPP

- Sammle dein **Vorwissen** zum Thema. Lies dir hierfür den Prüfungstext und die Materialien genau durch.
- Überlege dir deinen persönlichen **Standpunkt**.
- **Sortiere** deine **Argumente** inhaltlich logisch und vom schwächsten zum stärksten.

Dialektische Erörterung

Eine dialektische Erörterung ist die Auseinandersetzung mit einer **Streitfrage** und die damit verbundene Abwägung zwischen den beiden Gegenseiten. Du musst zu einer bestimmten Fragestellung oder Thematik **Pro-** und **Kontra-Argumente** (Argumente „dafür" und „dagegen") finden und diese in eine sinnvolle Reihenfolge bringen. Am Ende gelangst du zu einem **begründeten Ergebnis** (deiner Position).

In der Prüfung wird meist auch eine **strukturierte Gliederung** von dir verlangt, die du vor dem Ausformulieren deines Textes erstellst.

Arbeitsauftrag, der zu einer dialektischen Erörterung auffordert:
Erörtern Sie kritisch …

Orientiere dich bei der Ausarbeitung einer Erörterung an diesen Punkten:

Aufbau

Einleitung

Führe zum Thema hin und **wecke** das **Interesse** deiner Leser*innen. Das erreichst du z. B., indem du über ein persönliches Erlebnis oder ein aktuelles Ereignis schreibst. Alternativ kannst du auch eine Redewendung oder Zahlen und Fakten als Aufhänger nutzen. Am Schluss der Einleitung kommst du auf die **Streitfrage** zu sprechen.

Hauptteil

Im Hauptteil stellst du **beide Positionen** (Pro und Kontra) ausführlich dar. Überlege vor dem Schreiben, welche Position du einnehmen willst. **Beginne** dann mit den Argumenten, die deiner **Position widersprechen**. Führe **danach** die Argumente aus, die deine **Meinung stützen**. So wirkt deine Argumentation überzeugend. Beginne jeweils mit dem schwächsten Argument und ende mit dem stärksten. Ein Argument besteht aus drei Teilen: Mit der **Behauptung** sagst du sinngemäß aus: Das ist der Fall. So ist es. Mit der **Begründung** erklärst du, woher du das weißt bzw. warum das so ist. Durch ein **Beispiel** veranschaulichst du dein Argument.

Schluss

Nun folgt deine **Schlussfolgerung**, die sich aus deinen Argumenten ergibt. Deine Position sollte also in einem schlüssigen Zusammenhang mit dem Hauptteil stehen. Abschließend kannst du vorschlagen, wie sich die beiden Gegenseiten annähern könnten, oder einen Ausblick geben.

Sprache

- sachlicher Sprachstil
- passende Fachbegriffe
- sachliche, treffende Aussagen
- sinnvolle Verknüpfung der Argumente durch Formulierungen wie: „Außerdem …“, „Hinzu kommt, dass …“, „Im Gegensatz dazu …“
- Zeitform: Präsens (Gegenwart)

TIPP

- **Planen**: Beginne mit einem ausführlichen Brainstorming. Ordne deine Gedanken nach Pro- und Kontra-Argumenten. Erstelle eine Gliederung mit den Argumenten, die du ausformulieren willst.
- **Schreiben**: Halte dich beim Schreiben an deine Gliederung. Achte darauf, dass ein überzeugender und schlüssiger Text entsteht.
- **Überarbeiten**: Überprüfe deinen Text. Achte dabei auf den roten Faden und schlüssige Überleitungen. Sieh dir auch Grammatik und Rechtschreibung noch einmal an.

Die mündliche Prüfung

1 Die verpflichtende mündliche Prüfung

Aus welchen Teilen besteht die mündliche Prüfung?

Die verpflichtende mündliche Prüfung besteht aus zwei Teilen, einem **Referat** und einem **Gespräch**. In der Regel dauert das Referat 10 Minuten und das Gespräch 5 Minuten.
Das Thema des Referats wird drei Tage vor dem jeweiligen Prüfungstermin ausgelost. Dabei ziehst du zwei Themen und entscheidest dich verbindlich für die Bearbeitung eines Themas. Das entsprechende Informationsmaterial musst du dir selbst beschaffen. Während der Prüfung darfst du einen Stichwortzettel (erweiterte Gliederung des Referats) und Darstellungshilfen (Folie, Bild, Tafelbild usw.) verwenden.
Der Inhalt des Gesprächs steht meist im Zusammenhang mit dem Referat.

1.1 Das Referat

Vorbereitung

Die Vorbereitung des Referats erfolgt auf unterschiedlichen Ebenen:
- Beschaffung der **Sachinformationen**
  (Wo findest du die benötigten Informationen?),
- Überlegungen zur **Darstellung** der Sachinformationen
  (Wie stellst du die Informationen gut und anschaulich dar?),
- Überlegungen zur **Wirkung** des **Vortragenden/der Vortragenden**
  (Wie stellst du dich in der Prüfung am besten dar?).

Wenn du alle diese Ebenen berücksichtigst, wirst du einen guten Vortrag halten.
Mache dir gleich bei der Beschaffung der **Sachinformationen** Gedanken, wie du sie **darstellen** willst. Prüfe die Informationsquellen schon bei der ersten Durchsicht und Bearbeitung auf ihren Nutzen für dein Referat und notiere die entsprechenden Fundstellen.

Als **Informationsquellen** kommen infrage:
Beiträge in Sach- und Fachbüchern, Schulbüchern, Nachschlagewerken, Zeitungen, Zeitschriften und im Internet. Denke aber auch an Radio- und Fernsehsendungen oder Filmmaterial. Behalte bei der Durchsicht folgende Fragen im Kopf:
- Welche Inhalte treffen genau mein Referatsthema?
- Wie trage ich sie anschaulich vor?

Das Referat sollte inhaltlich und methodisch so aufgebaut sein, wie du es im Deutschunterricht gelernt hast.

Du sollst dich bei der Prüfung nicht nur als Fachmann bzw. -frau, sondern auch als **Person** einbringen. Das gelingt dir beispielsweise durch einen sprachlich guten und sicheren **Vortragsstil**, also durch:
- freies Formulieren mithilfe eines Stichwortzettels und Darstellungshilfen,
- deutliches, nicht zu schnelles Sprechen,
- jeweils angemessene Lautstärke und passende Betonung,
- das Einplanen von Sprechpausen (Durch Pausen werden deine inhaltlichen Aussagen verstärkt und vom Zuhörer besser aufgenommen.),
- entsprechende Mimik und Gestik, die zu erkennen gibt, dass du zu jedem Zeitpunkt deines Vortrags bei der Sache bist und dich auf die Zuhörer*innen konzentrierst. Durch häufigen Blickkontakt kannst du ihre Reaktionen auf deinen Vortrag erkennen.

Zur Erarbeitung des Referats

Du kannst das Referat in diesen Schritten erstellen:
- Sachinformationen gezielt sammeln,
- Thema eingrenzen bzw. thematischen Schwerpunkt setzen,
- Stoffsammlung erstellen: Informationen auswählen und in Stichpunkten zusammen mit Hinweisen auf das Anschauungsmaterial festhalten,
- Gliederung erstellen, d. h., die Informationen in eine sinnvolle Reihenfolge bringen.

Aufbau

Orientiere dich an folgendem Aufbau:

Einleitung

Versuche, den Zuhörer/die Zuhörerin für deinen Vortrag zu **gewinnen**. Das gelingt dir am besten mithilfe eines Darstellungsmittels, das du gleich zu Beginn einsetzt. Präsentiere z. B. ein Foto oder einen Gegenstand, um den es in deinem Referat geht.

Hauptteil

Ziel ist es, den Zuhörer/die Zuhörerin zu **informieren**. In einzelnen, aufeinander abgestimmten Abschnitten sollst du die wesentlichen Inhalte darstellen. Dabei gehst du nach bestimmten Grundsätzen vor:
- vom weniger Wichtigen zum besonders Wichtigen,
- vom Anschaulichen zum Abstrakten,
- vom Einfachen zum Schwierigen,
- Wiederholung wichtiger Gesichtspunkte bzw. Inhalte, aber mit anderen Worten,
- Verdeutlichung der Inhalte durch Beispiele und Anschauungsmaterial.

Schluss

Runde dein Referat **ab** und rege ein Gespräch über den Vortrag an. Du kannst z. B. deine wichtigsten Ergebnisse nochmals zusammenfassen.

Den Vortrag formulieren

Es bieten sich zwei Vorgehensweisen an, um einen Stichwortzettel zu erstellen:

- **Kürze einen ausführlichen Beitrag**
  Du formulierst den Vortrag komplett aus. Dann markierst du Schwerpunkte, Hinweise zu Anschauungsmaterial, Zitate, Überleitungen und Zusammenfassungen mit verschiedenen Farben. Anschließend übernimmst du nur das Markierte als Grundlage für den Vortrag auf den Stichwortzettel.
- **Erweitere Gliederungsgedanken**
  Du notierst Gliederungspunkte, die zu inhaltlichen Abschnitten deines Vortrags werden. Die Gliederungspunkte ergänzt du durch Hinweise zu Darstellungshilfen und Zitaten. Überleitungen und Zusammenfassungen formulierst du dagegen fast wörtlich aus.

Für den Vortrag ist ein dreispaltiger Stichwortzettel hilfreich:

Zeit	Gliederungspunkt/Inhalt	Darstellungshilfe
1 Min.	Einleitung Vortrag soll Leben und Werk der Person näherbringen.	 *Foto 1 (Porträt)*
8 Min.	Hauptteil 1. Kindheit und frühe Jugend In dem kleinen Ort … am … geboren … … …	 *Foto 2 (Dorf)* *Karte 1 (Lage)* …

Den Vortrag überarbeiten

Ist das Referat fertig, solltest du es unbedingt ausprobieren! Anschließend kannst du es unter verschiedenen Gesichtspunkten überdenken und eventuell verändern. Auch dazu sind zwei Vorgehensweisen möglich:

- Du stellst dir die beiden Prüfer*innen vor und **nimmst** das Referat **auf**. Beim anschließenden kritischen Abhören fallen dir sicherlich Dinge auf, die noch nicht stimmig sind und deshalb geändert werden sollten.
- In einer Art **Rollenspiel** trägst du das Referat gleichzeitig zwei Personen vor. Im Idealfall handelt es sich bei diesen Personen um Mitschüler und -prüflinge. Sie übernehmen dabei die Rolle der Prüfer*innen. Anschließend führt ihr ein Dreiergespräch. Auf diese Weise übt ihr das Prüfungsgespräch und könnt euch gegenseitig Verbesserungsvorschläge machen.

Beurteilungsbogen

Anhand des folgenden Beurteilungsbogens könnt ihr feststellen, ob ihr alle wichtigen Punkte für ein gutes Referat beachtet habt.

Zum Inhalt	**gut**	**mittel**	**schlecht**	**Anmerkungen**
1 Aufbau/Gliederung logisch	…	…	…	....
2 Inhalt verständlich	…	…	…	....
3 Einleitung wirkungsvoll	…	…	…	....
4 Schwerpunkte im Hauptteil	…	…	…	....
5 Schluss als Abrundung	…	…	…	....
6 Satzbau kurz und klar	…	…	…	....
7 Fachausdrücke vorhanden	…	…	…	....
8 Überleitungen gelungen	…	…	…	....
9 Zusammenfassungen angemessen	…	…	…	....
10 Beispiele überzeugend	…	…	…	....
11 Zitate passend	…	…	…	....
12 Anschauungsmaterial geeignet	…	…	…	....
13 Referentenmeinung ersichtlich	…	…	…	....
Zum Vortrag				
1 Vortrag frei	…	…	…	....
2 Sprechen klar/deutlich	…	…	…	....
3 Betonung passend	…	…	…	....
4 Sprechtempo angemessen	…	…	…	....
5 Sprechpausen berücksichtigt	…	…	…	....
6 Blickkontakt vorhanden	…	…	…	....
7 Ruhe im Vortrag	…	…	…	....
Zur Person				
1 Körperhaltung überzeugend	…	…	…	....
2 Gestik unterstützend	…	…	…	....
3 Mimik ergänzend	…	…	…	....
4 Referent*in freundlich	…	…	…	....

Themenbereiche

Auch wenn das Angebot an Referatsthemen vielfältig ist, kannst du davon ausgehen, dass es einem dieser Bereiche zugeordnet werden kann:
Referat über …

- eine **Person** (Politiker*in, Künstler*in, Sportler*in …),
- eine „**Sache**“ (Produkt, Organisation, Ereignis, Land …),
- ein **Buch** (Jugendbuch, Roman …).

Person Für ein **Referat über eine Person** empfiehlt es sich, chronologisch vorzugehen. Dabei ist die Verwendung von Zeitleisten vorteilhaft. Sie erleichtern dir die Erstellung des Referats und können beim Vortrag als Darstellungshilfen eingesetzt werden. Hier ein Beispiel zur Person Albert Einstein.

Leben und Werk des Wissenschaftlers Albert Einstein

Zeitleiste

1879	Geburt Einsteins
1894	beendet Schulbesuch (ohne Abschluss), Umzug nach Mailand
1895	als Student von der Technischen Fachhochschule Zürich abgelehnt → ihm fehlt Abitur
1896	gibt deutsche Staatsbürgerschaft ab, beginnt Studium an der Technischen Fachhochschule Zürich, nachdem er Abitur nachgeholt hat
1901	erhält auf Antrag schweizerische Staatsbürgerschaft
1905	wichtige Veröffentlichungen: spezielle Relativitätstheorie $E = mc^2$
1915	veröffentlicht Allgemeine Relativitätstheorie
1921	erhält Nobelpreis für Physik
1933	emigriert in die USA (Princeton)
1939	fordert Amerikaner auf, Atombombe zu bauen, aus Angst davor, dass Deutsche die Bombe zuerst bauen könnten
1940	erhält amerikanische Staatsbürgerschaft
1952	erhält Angebot, israelischer Präsident zu werden
1955	Tod Einsteins

Als **inhaltlicher Schwerpunkt** könnte z. B. Folgendes herausgearbeitet werden:

Der Wissenschaftler und die Politik

- Sein Leben in Deutschland, Italien, der Schweiz, Tschechien und in den USA als Grundlage weltbürgerlichen Denkens.
- Einstein unterstützte Pazifismus (grundsätzliche Ablehnung des Krieges), Zionismus (Bewegung zur Gründung eines israelischen Staates), internationale Abrüstung, Weltbürgertum.
- Einstein war Gegner der deutschen Kriegspolitik (Erster Weltkrieg).
- Der Wissenschaftler lehnte das Angebot führender israelischer Politiker ab, Präsident des Staates Israel zu werden.

Als Anschauungshilfen bieten sich neben der Zeitleiste an: Fotos des Wissenschaftlers, physikalische Modelle als Grafik, Landkarten, Zitate, Erklärungen.

„Sache" Wie du ein zehnminütiges **Referat über eine Sache** aufbauen kannst, wird hier am Beispiel eines Stichwortzettels zum Thema „Schokolade" veranschaulicht.

Zeit	Gliederungspunkt/Inhalt	Darstellungshilfe
1 Min.	**Einleitung** Warum mögen die meisten Menschen Schokolade?	*verschiedene Schokoladensorten zeigen*
2 Min.	**Hauptteil** 1. Geschichte der Schokolade a) Frühe Anfänge b) Beginn der Massenproduktion Zusammenfassung: Vom „Göttergetränk" der Ureinwohner Südamerikas zur globalen Massenware	*Bild: Kakaozubereitung bei den Azteken*
3 Min.	2. Herstellung von Kakao a) Kakaobaum b) Verarbeitung der Bohnen c) Weitere Inhaltsstoffe von Schokolade d) Problem Kinderarbeit bei der Ernte Zusammenfassung: Nur Schokolade aus verantwortungsvollen Quellen kaufen (z. B. Fair Trade)	*Schaubild* *Diagramm* *Bilder*
3 Min.	3. Schokolade als Medizin a) Physiologische Wirkung b) Psychologische Wirkung c) Negative Folgen bei übermäßigem Konsum Zusammenfassung: Geringer Konsum von Bitterschokolade lecker und hilfreich, bei Milchschokolade überwiegen die Nachteile	*Ergebnisse medizinische Studie*
1 Min.	**Schluss** Schokolade ist mehr als nur eine süße Nascherei	

Buch

Bei einem **Referat über ein Buch** könntest du nachstehende Gesichtspunkte berücksichtigen (Für einen zehnminütigen Vortrag musst du eine Auswahl treffen.):

- *Zum Autor/zur Autorin*
  Kurzbiografie – Überblick über sein/ihr Leben – seine/ihre Schaffensperioden – seine/ihre Arbeitsschwerpunkte
- *Zum Buch*
  Titel – Erscheinungsjahr (ggf. historischer Hintergrund) – behandelte Thematik – Ort, Zeit, Personen – Stellung und Verhältnis der Figuren zueinander – Inhalt – Handlungsverlauf (Schlüsselstellen: hinführende und weiterführende Ereignisse, Höhe- und Wendepunkte, Schluss) – Problematik
- *Zur Bewertung des Buchs*
  Entstehungszeit (ggf. gesellschaftliche Situation) – Gegenwartsbezug – Realitätsnähe – Übertragbarkeit auf andere Situationen – Bedeutung für den Leser/die Leserin
- *Zu weiteren Werken des Autors/der Autorin*
  Gesamtwerk (mit Themenschwerpunkten) – Höhepunkte des Gesamtwerks – gesellschaftliche Bedeutung des Gesamtwerks – Stellung des Buchs im Gesamtwerk

1.2 Das Gespräch

Auch wenn die Grundlage dieses Prüfungsteils meist das Referat ist, können andere Inhalte zum Thema gemacht werden. Deshalb kannst du dich nur **allgemein** auf diesen Prüfungsteil **vorbereiten**. Wichtig ist, dass du in der Prüfung …

- genau **auf die Fragen des Prüfers/der Prüferin** achtest und verstehst, worauf er/sie hinaus will.
- **nachfragst**, wenn du die Frage nicht verstanden hast.
- **kurz und genau** auf die Fragen **antwortest**. Dabei hilft es, wenn du den Blickkontakt zum Prüfer/zur Prüferin suchst und die Antwort mit Mimik und Gestik unterstützt.

2 Die freiwillige mündliche Prüfung

Wann kannst du daran teilnehmen?

Du kannst dich einer freiwilligen mündlichen Prüfung im Fach Deutsch unterziehen, wenn sich Jahresfortgangsnote und Prüfungsnote um eine Notenstufe unterscheiden und nach Auffassung des Prüfungsausschusses die schlechtere als Gesamtnote festzusetzen wäre.

Die Prüfung wird von deinem Deutschlehrer bzw. deiner Deutschlehrerin ausgearbeitet. Deshalb ist es sinnvoll, wenn du vorab mit ihm bzw. ihr sprichst und dir die Vorbereitungsschwerpunkte nennen lässt.

Übungsaufgaben im Stil der neuen Prüfung

© Christian Schwier/Fotolia.com (oben), © Bilderbox.com (Mitte), © Zoonar/Polylooks (unten)

Übungsaufgaben im Stil der neuen M10-Prüfung
Übungsaufgabe 1

Bearbeitungshinweise

- Sie haben zwei Texte zur Auswahl. Lesen Sie diese und die dazugehörigen Arbeitsaufträge aufmerksam durch.
- Wählen Sie **einen** Text aus.
- Legen Sie zu Ihrem ausgewählten Text die Arbeitsaufträge und das Material bereit.
- Bearbeiten Sie die Aufgaben möglichst in der angegebenen Reihenfolge auf einem gesonderten Blatt.
- Schreiben Sie grundsätzlich in ganzen Sätzen, außer in der Aufgabe wird etwas anderes gefordert.
- Achten Sie auf eine saubere äußcrc Form.
  (→ Abzug von insgesamt bis zu 2 Punkten möglich)
- Achten Sie auf eine korrekte Rechtschreibung*.
  (→ Abzug von insgesamt bis zu 3 Punkten bei den Aufgaben 1 bis 7 möglich)

Ein deutschsprachiges Wörterbuch in Printform ist **erlaubt**.

*Bei Schülerinnen und Schülern mit einer anerkannten Rechtschreibstörung führen Rechtschreibfehler nicht zu Punktabzug (vgl. § 34 Abs. 7 BaySchO). Grammatik und Zeichensetzung fließen in die Bewertung ein.

Text 1

Woher kommt die Angst der Deutschen vor der Abschaffung des Bargeldes?

In Frankreich sind es für französische Steuerzahlerinnen und Steuerzahler 1 000 Euro, in Italien 999 Euro und in Griechenland ist sogar bei 500 Euro Schluss. Obergrenzen für Bargeldzahlungen sind in vielen europäischen Ländern längst Standard. Der jüngst vorgelegte Plan der EU-Kommission, Bargeldzahlungen auf 10 000 Euro zu deckeln, sieht da eine vergleichsweise hohe Obergrenze vor. Und er betrifft nur die wenigen Mitgliedsländer, die bislang kein Limit eingeführt haben, darunter etwa Österreich, Zypern, Luxemburg – und Deutschland.

Deutschland überrascht in dieser Liste nicht. Wenn es um Bares geht, sind viele Deutsche bekanntlich sensibel. Während in vielen EU-Ländern die Bedeutung des Bargeldes schwindet und es etwa in Skandinavien kaum mehr eine Rolle spielt, ist die Liebe zu Scheinen und Münzen hierzulande nach wie vor groß. Zwar schreitet der Trend zum digitalen Bezahlen auch zwischen Küste und Alpen voran, doch nach wie vor nutzen die Deutschen kein Zahlungsmittel so häufig wie Bargeld.

[...] Entsprechend groß scheint für viele Deutsche die Angst zu sein, wenn ihnen jemand ans Bargeld will. Doch woher kommt diese Leidenschaft, aus der die Furcht vor der Abschaffung von Münzen und Scheinen zu erwachsen scheint?

Jemand, der sich seit Jahren mit der Passion für Bargeld im deutschsprachigen Raum beschäftigt, ist Erich Kirchler, Professor für Wirtschaftspsychologie an der Universität Wien. „Bargeld ist prototypisch für den recht unscharfen Begriff ‚Geld‘, wird überall akzeptiert und ist einfach praktisch“, sagt er dem Redaktions-Netzwerk Deutschland (RND). [...]

Die Gründe für das Entstehen der Bargeldliebe liegen für Kirchler bereits in den ersten Jahren des Lebens. „Wir sind seit unserer Kindheit mit Münzen und Scheinen konfrontiert, lernen, dass wir mit Geld das kaufen können, was wir haben möchten, freuen uns über Geld als Geschenk der Eltern, Tanten, Onkel und Großeltern, lernen Geld als Wert schätzen“, sagt er. „Geld bedeutet, etwas zu vermögen, und gibt Freiheit.“ Zudem seien Münzen und Scheine konkret anschaulich, im Gegensatz zu Karten oder E-Geld, und machten es relativ einfach, die Kontrolle über Ausgaben zu behalten. Mit Karten sei das wesentlich schwerer.

Daraus erwächst für Kirchler auch die Angst vor einer Abschaffung des Bargeldes. Diese liege in der Vermutung begründet, „dass der Staat, der Fiskus, die Banken die Kontrolle über unser Kauf- und Sparverhalten haben und unser Verhalten beeinflussen können“. Hinzu komme der befürchtete Verlust der Selbstkontrolle und der Anschaulichkeit von Münzen und Scheinen sowie die vermuteten Einschränkungen von praktischen Vorteilen des Bargeldes wie zum Beispiel, überall zahlen und es immer griffbereit haben zu können – und Verlässlichkeit zu haben, auch wenn der Strom mal ausfällt und Karten nicht gelesen werden können.

Der Plan der EU-Kommission, eine flächendeckende Obergrenze für Bargeldzahlungen einzuführen, ist auch weniger gegen Bargeld als solches gerichtet, sondern zielt vielmehr auf etwas anderes ab: Geld aus kriminellen Geschäften soll nicht mehr so einfach in die reguläre Wirtschaft fließen können. Denn viele Fachleute sehen im Kampf gegen Geldwäsche große Mängel.

Noch ist nichts entschieden, doch Kritikerinnen und Kritiker in Deutschland laufen bereits Sturm gegen den Vorschlag der EU-Kommission. Der CDU-Wirtschaftsrat etwa hatte zuletzt vor einem solchen Limit für Barzahlungen gewarnt. Eine Bargeldobergrenze wäre ein pauschaler und direkter Eingriff in die Freiheit und Privatsphäre der Bürgerinnen und Bürger, ohne dass dem Ziel der Geldwäschebekämpfung gedient wäre, sagte Generalsekretär Wolfgang Steiger dem RND. Er verwies auf Studien, die belegten, dass solche Obergrenzen keinen [...] Nutzen im Kampf gegen Geldwäsche hätten. Leidtragende wären stattdessen Händler und Wirtschaft, sagte Steiger weiter.

So argumentiert auch die Industrie- und Handelskammer (IHK) Gießen-Friedberg, die mit einer Kampagne schon seit Jahren dafür kämpft, Bargeld zu erhalten, und Obergrenzen strikt ablehnt. Durch diese würden Geldwäsche und andere illegale Geldgeschäfte nicht wirksam begrenzt, heißt es etwa in einem Sonderdruck zu einer Ausgabe des Wirtschaftsmagazins der IHK, mit dem die Organisation seit 2016 für ihr Anliegen wirbt. [...]

Der Gießener IHK-Hauptgeschäftsführer Matthias Leder glaubt, dass rechtschaffene Unternehmen kriminalisiert würden, während Geldwäscher Ausweichreaktionen ergreifen könnten. Bargeld biete überdies auch Datenschutz, sagt er. Ein häufig ins Feld geführtes Argument. Denn anders als Bargeldtransfers hinterlässt digitales Bezahlen eine individuell nachverfolgbare Spur. Andererseits liegen die Vorteile des digitalen Bezahlens auf der Hand: Es ist bequem, geht schnell und das Vermögen kann im Gegensatz zu Bargeld nicht aus Versehen aus der Tasche fallen. Wer digital bezahlt, spart sich zudem den Gang zum Geldautomaten. [...]

Leder nennt exemplarisch Gebrauchtwagenhändler, die in solchen Dimensionen bar zahlen, nämlich dann, wenn sie Autos über die Grenze verkaufen. „Bevor die Verbrennungsmotoren in der EU verboten sein werden, wird sich dieser Trend noch deutlich verstärken", glaubt er. Und auch Schmuck und Edelmetalle würden häufig in bar bezahlt.

Dass Deutschland damit im europäischen Vergleich einen Sonderweg geht, sieht Leder nicht als Problem. [...] Beispielhaft führt er Tempolimits an, die es in den meisten europäischen Ländern für Kraftfahrzeuge auf Straßen gibt. Und, sagt er, „in Irland und im Vereinigten Königreich fahren die Menschen links, sonst fahren sie überall rechts". [...]

Wirtschaftspsychologe Kirchler findet den Vorschlag der EU-Kommission hingegen gut, „weil alle Vorteile des Bargeldes bei kleinen Beträgen liegen". Es müsse aber klar kommuniziert werden, warum eine Obergrenze sinnvoll und im Sinne der Gesellschaft sei. Er sieht die Chance, damit illegale Geschäfte besser zu kontrollieren und die Diebstahlgefahr zu verringern. Auch plädiert er dafür, Menschen mit unterschiedlichen Bedenken gruppenspezifisch anzusprechen, um die Akzeptanz einer Obergrenze zu erhöhen. Denn, sagt er, mit Geld seien auch Gefühle verbunden. Neben der Kommunikation auf kognitiver Ebene müsse entsprechend auch die emotionale Ebene angesprochen werden.

Sinnvoll findet auch Konrad Duffy eine Obergrenze für Bargeldzahlungen. „Es ist schon sonderlich, dass Immobilien in Deutschland noch heute mit Koffern voller Bargeld bezahlt werden können", sagt der Referent für Finanzkriminalität bei der Bürgerbewegung Finanzwende. „Klar ist aber auch: Eine Bargeldobergrenze bei 10 000 Euro ist keinesfalls ein Allheilmittel. Es braucht vielmehr den Willen in Politik und Aufsicht, das Thema Geldwäsche endlich umfassend und entschieden anzugehen." [...]

Quelle: Christoph Zempel: Woher kommt die Angst der Deutschen vor der Abschaffung des Bargeldes?, 01. 08. 2021 https://www.rnd.de/wirtschaft/bargeld-abschaffung-woher-kommt-die-angst-der-deutschen-CZQ3K4RSZNHU5K3JCCN4CZ4TTM.html, zu Prüfungszwecken gekürzt.

M 1

Quelle: © STERO/Stefan Roth roth-cartoons.de

M 2

Umfrage in Deutschland:

Mobiles Bezahlen

Nutzen Sie die Möglichkeit, bargeldlos per Smartphone oder Tablet zu bezahlen?*
(Antworten in Prozent)

JA	NEIN, aber in 5 Jahren	NEIN
25 %	57 %	18 %

Was sind die Vor- und Nachteile von Mobile Payment?
(häufigste Antworten in Prozent)

VORTEILE		NACHTEILE	
59 %	erleichtert kaufen und bezahlen	77 %	Angst vor Diebstahl des Handys und Missbrauch der Daten bei Bezahldiensten
55 %	einfachere Kontrolle der Geldbewegungen	74 %	Angst vor Identitätsbetrug (gibt zu viele persönliche Daten weiter)
47 %	Erleichterung, weil man nicht auf ausreichend Bargeld achten muss	69 %	ermutigt schneller zum Kauf

Wofür nutzen Sie Mobile Payment am häufigsten?
(häufigste Antworten in Prozent)

15 %	Kauf von Kleidung, Schuhe, Accessoires
15 %	Überweisen von Geld an andere
14 %	Bezahlen von Hotels und Unterkünften

*u. a. im Vorbeigehen an der Kasse oder per Handy z. B. von unterwegs
Befragung von 1000 Personen ab 18 Jahren in Deutschland von September bis Oktober 2018
Quelle: PricewaterhouseCoopers (2019)

© Globus 14067

Quelle: picture alliance/dpa/dpa-infografik GmbH

Arbeitsaufträge zu Text 1 Punkte

1. Der Autor verfolgt mit seinem Text eine gewisse Absicht, entsprechend hat er die Textsorte ausgewählt.
   Bestimmen Sie die Textsorte und stellen Sie die Absicht des Autors kurz dar. 1 P

2. Im Text wird häufig die indirekte Rede verwendet.
   a) Schreiben Sie zwei Beispiele aus dem Text heraus. 1 P
   b) Erläutern Sie die Funktion der indirekten Rede im Text. 1 P

3. Erklären Sie die Bedeutung der unterstrichenen Ausdrücke in den folgenden beiden Sätzen mit eigenen Worten.
   a) Während in vielen EU-Ländern die Bedeutung des Bargeldes schwindet und es etwa in Skandinavien kaum mehr eine Rolle spielt, ist die Liebe zu Scheinen und Münzen hierzulande nach wie vor groß. (Z. 8–10) 1 P
   b) „Geld bedeutet, etwas zu vermögen, und gibt Freiheit." (Z. 22/23) 1 P

4. Im Text werden Vorteile des Bargelds genannt.
   Zitieren Sie zwei Textabschnitte, die dies verdeutlichen. Achten Sie auf eine korrekte Zitierweise. 3 P

5. Eine Obergrenze für Bargeld muss auch auf der Gefühlsebene begründet werden.
   Begründen Sie diese Aussage ausführlich mithilfe von drei konkreten Aspekten aus dem Text. Schreiben Sie einen zusammenhängenden Text. 4 P

6. Fassen Sie den Text in Form einer knappen Inhaltsangabe zusammen. 4 P

7. Die Abbildung **M 1** nimmt das Thema „bargeldloses Bezahlen" auf.
   a) Beschreiben Sie die Abbildung **M 1**. 1 P
   b) Schreiben Sie vier mögliche Gedanken der dargestellten Person in Form eines inneren Monologs auf. Beziehen Sie auch Informationen aus dem Text mit ein. 3 P

8. In vielen europäischen Ländern bezahlen die Menschen inzwischen hauptsächlich mit Karte oder ihrem Smartphone. In Deutschland ist Bargeld jedoch immer noch die beliebteste Zahlweise.
   Erörtern Sie kritisch die Vor- und Nachteile, die sich aus dem Reduzieren von Bargeldzahlungen ergeben. Sie können hierzu auch Informationen aus der Abbildung **M 2** hinzuziehen. Stellen Sie schließlich Ihre eigene Position dar.
   Erarbeiten Sie zuerst eine strukturierte Gliederung zum Thema.
   Achten Sie auf einen grammatisch und rechtschriftlich korrekten Text. (Umfang ca. 600 Wörter/3 Seiten bei mittlerer Schriftgröße) 22 P

9. Der regionale Sparkassen-Verband möchte Erzählungen von Jugendlichen auf seiner Internetseite zum Thema „bargeldloses Bezahlen“ unter dem Motto „Ich setze alles auf (m)eine Karte“ veröffentlichen.

   Schreiben Sie einen Erzähltext, der das Thema aufgreift, und setzen Sie dabei angemessene sprachliche und stilistische Mittel des erzählenden Schreibens ein.

   Achten Sie auf einen grammatisch und rechtschriftlich korrekten Text. (Umfang ca. 200 Wörter/1 Seite bei mittlerer Schriftgröße) 8 P

50 P

Text 2

Masken

Sie fielen sich unsanft auf dem Bahnsteig 3 a des Kölner Hauptbahnhofes in die Arme und riefen gleichzeitig: „Du?!“ Es war ein heißer Julivormittag und Renate wollte in den D9-Zug nach Amsterdam über Aachen, Erich verließ diesen Zug, der von Hamburg kam. Menschen drängten aus den Wagen auf den Bahnsteig, Menschen vom Bahnsteig in die Wagen, die beiden aber standen in dem Gewühl, spürten weder Püffe noch Rempeleien und hörten auch nicht, dass Vorübergehende sich beschwerten, weil sie ausgerechnet vor den Treppen standen und viele dadurch gezwungen wurden, um sie herumzugehen. Sie hörten auch nicht, dass der Zug nach Aachen abfahrbereit war, und es störte Renate nicht, dass er wenige Sekunden später aus der Halle fuhr.

Die beiden standen stumm, jeder forschte im Gesicht des anderen. Endlich nahm der Mann die Frau am Arm und führte sie die Treppen hinunter, durch die Sperre, und in einem Café in der Nähe des Doms tranken sie Tee.

„Nun erzähle, Renate. Wie geht es dir. Mein Gott, als ich dich so plötzlich sah … du … ich war richtig erschrocken. Es ist so lange her, aber als du auf den Bahnsteig fast auf mich gefallen bist …“

„Nein,“ lachte sie, „du auf mich“. „Da war es mir, als hätte ich dich gestern zum letzten Male gesehen, so nah warst du mir. Und dabei ist es so lange her …“ „Ja“, sagte sie. „Fünfzehn Jahre.“

„Fünfzehn Jahre? Wie du das so genau weißt. Fünfzehn Jahre, das ist ja eine Ewigkeit. Erzähle, was machst du jetzt? Bist du verheiratet? Hast du Kinder? Wo fährst du hin? …“

„Langsam, Erich, langsam, du bist noch genau so ungeduldig wie vor fünfzehn Jahren. Nein, verheiratet bin ich nicht, die Arbeit, weißt du. Wenn man es zu etwas bringen will, weißt du, da hat man eben keine Zeit für Männer.“

„Und was ist das für Arbeit, die dich von den Männern fernhält?“ Er lachte sie an, sie aber sah aus dem Fenster auf die Tauben. „Ich bin jetzt Leiterin eines Textilversandhauses hier in Köln, du kannst dir denken, dass man da von morgens bis abends zu tun hat und …“

„Donnerwetter!“ rief er und klopfte mehrmals mit der flachen Hand auf den Tisch. „Donnerwetter! Ich gratuliere.“ „Ach“, sagte sie und sah ihn an. Sie war rot geworden. „Du hast es ja weit gebracht, Donnerwetter, alle Achtung. Und jetzt? Fährst du in Urlaub?“

„Ja, vier Wochen nach Holland. Ich habe es nötig, bin ganz durchgedreht. Und du, Erich, was machst du? Erzähle. Du siehst gesund aus.“

Schade, dachte er, wenn sie nicht so eine Bombenstellung hätte, ich würde sie jetzt fragen, ob sie mich noch haben will. Aber so? Nein, das geht nicht, sie würde mich auslachen, wie damals.

„Ich?“ sagte er gedehnt, und brannte sich eine neue Zigarette an. „Ich … ich … Ach weißt du, ich habe ein bisschen Glück gehabt. Habe hier in Köln zu tun. Habe umgesattelt, bin seit vier Jahren Einkaufsleiter einer Hamburger Werft, na ja, so was Besonderes ist das nun wieder auch nicht.“
„Oh“, sagte sie und sah ihn starr an und ihr Blick streifte seine großen Hände, aber sie fand keinen

Ring. Sie erinnerte sich, dass sie vor fünfzehn Jahren nach einem kleinen Streit auseinandergelaufen waren, ohne sich bis heute wiederzusehen. Er hatte ihr damals nicht genügt, der schmalverdienende und immer ölverschmierte Schlosser. Er solle es erst zu etwas bringen, hatte sie ihm damals nachgerufen, vielleicht könne man später wieder darüber sprechen. So gedankenlos jung waren sie damals. Ach ja, die Worte waren im Streit gefallen und trotzdem nicht böse gemeint. Beide aber fanden danach keine Brücke mehr zueinander. Sie wollten und wollten doch nicht. Und nun? [...]

„Dann haben wir ja beide Glück gehabt", sagte sie, und dachte, dass er immer noch gut aussieht. Gewiss, er war älter geworden, aber das steht ihm gut. Schade, wenn er nicht so eine Bombenstellung hätte, ich würde ihn fragen, [...] ob er noch an den dummen Streit von damals denkt und ob er mich noch haben will. Ja, ich würde ihn fragen.

Aber jetzt?

[...] Sie sah ihm nun direkt ins Gesicht und fragte: „Du bist nicht verheiratet? Oder lässt du Frau und Ring zu Hause?" Sie lachte etwas zu laut für dieses vornehme Lokal.

„Weißt du", antwortete er, „das hat seine Schwierigkeiten. Die ich haben will, sind nicht zu haben oder nicht mehr, und die mich haben wollen, sind nicht der Rede wert. Zeit müsste man eben haben. Zum Suchen, meine ich. Zeit müsste man haben." Jetzt müsste ich ihr sagen, dass ich sie noch immer liebe, dass es nie eine andere Frau für mich gegeben hat, dass ich sie all die Jahre nicht vergessen konnte. Wieviel? Fünfzehn Jahre? Eine lange Zeit. Mein Gott, welch eine lange Zeit. Und jetzt? Ich kann sie doch nicht mehr fragen, vorbei, jetzt, wo sie so eine Stellung hat. Nun ist es zu spät, sie würde mich auslachen, ich kenne ihr Lachen, ich habe es im Ohr gehabt, all die Jahre.

„Fünfzehn? Kaum zu glauben."

„Wem sagst du das?" Sie lächelte. „Entweder die Arbeit oder das andere", echote er. Jetzt müsste ich ihm eigentlich sagen, dass er der einzige Mann ist, dem ich blind folgen würde, wenn er mich darum bäte, dass ich jeden Mann, der mir begegnete, sofort mit ihm verglich. Ich sollte ihm das sagen. Aber jetzt? Jetzt hat er eine Bombenstellung und er würde mich nur auslachen, nicht laut, er würde sagen, dass ... ach ... es ist alles so sinnlos geworden.

Sie aßen in demselben Lokal zu Mittag und tranken anschließend jeder zwei Cognac. Sie erzählten sich Geschichten aus ihren Kindertagen und später aus ihren Schultagen.

Dann sprachen sie über ihr Berufsleben und sie bekamen Respekt voreinander, als sie erfuhren, wie schwer es der andere gehabt hatte bei seinem Aufstieg. [...]

Kurz vor drei brachte er sie zum Bahnhof. „Ich brauche den Amsterdamer Zug nicht zu nehmen", sagte sie. „Ich fahre bis Aachen und steige dort um. Ich wollte sowieso schon lange einmal das Rathaus besichtigen."

Wieder standen sie auf dem Bahnsteig und sahen aneinander vorbei. Mit leeren Worten versuchten sie die Augen des andern einzufangen, und wenn sich dann doch ihre Blicke trafen, erschraken sie und musterten die Bögen der Halle. Wenn sie jetzt ein Wort sagen würde, dachte er, dann ...

„Ich muss jetzt einsteigen", sagte sie. „Es war schön, dich wieder einmal zu sehen. Und dann so unverhofft ..."

[...] Wenn er jetzt ein Wort sagen würde, dachte sie, ich stiege sofort wieder aus, sofort.

Sie reichte ihm aus einem Abteil erster Klasse die Hand. „Auf Wiedersehen, Erich ... und weiterhin ... viel Glück."

Wie schön sie immer noch ist. Warum nur sagt sie kein Wort. „Danke, Renate. Hoffentlich hast du schönes Wetter." [...]

Der Zug ruckte an. Sie winkten nicht, sie sahen sich nur in die Augen, so lange dies möglich war. Als der Zug aus der Halle gefahren war, ging Renate in einen Wagen zweiter Klasse und setzte sich dort an ein Fenster. Sie weinte hinter einer ausgebreiteten Illustrierten. Wie dumm von mir, ich hätte ihm sagen sollen, dass ich immer noch die kleine Verkäuferin bin. Ja, in einem anderen Laden, mit zweihundert Mark mehr als früher, aber ich verkaufe immer noch Herrenoberhemden, wie früher, und Socken und Unterwäsche. Alles für den Herrn. Ich hätte ihm das sagen sollen. Aber dann hätte er mich ausgelacht [...]. Nein, das ging doch nicht. Aber ich hätte wenigstens nach seiner Adresse fragen sollen. Wie dumm von mir, ich war aufgeregt [...] und ich habe gelogen [...]. Wie dumm von mir.

Erich verließ den Bahnhof und fuhr mit der Straßenbahn nach Ostheim auf eine Großbaustelle. Dort meldete er sich beim Bauführer. „Ich bin der neue Kranführer." „Na, sind Sie endlich da? Mensch, wir haben schon gestern auf Sie gewartet. [...] Also dann, morgen früh, pünktlich sieben Uhr."

[...] Ich hätte ihr sagen sollen, dass ich jetzt Kranführer bin. Ach, Blödsinn, sie hätte mich nur ausgelacht, sie kann so verletzend lachen. Nein, das ging nicht, jetzt, wo sie [...] eine Bombenstellung hat.

Quelle: Max von der Grün: Masken. In: „Fahrtunterbrechung und andere Erzählungen", Europäische Verlagsanstalt Frankfurt, 1965, zu Prüfungszwecken gekürzt und orthografisch angepasst.

M 3

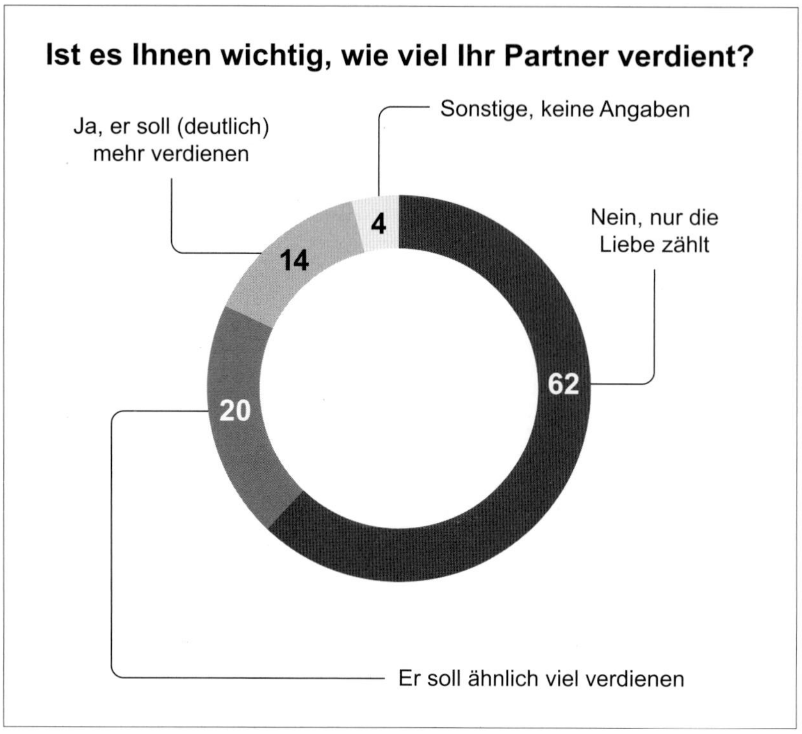

Quelle: Telefonische, repräsentative Befragung durch TNS Emnid im Auftrag der Postbank zum Thema „Beziehung und Finanzen“ 2015; eigene Darstellung nach F.A.Z.-Grafik / Andreas Niebel

Arbeitsaufträge zu Text 2 Punkte

1. Der Text lässt sich einer Textart zuordnen. Belegen Sie Ihre Entscheidung mit drei typischen Merkmalen und den passenden Textstellen. 4 P

2. Der Text ist mit vielen Stilmitteln gestaltet.
   a) Das Stilmittel der Wiederholung findet sich besonders häufig. Erläutern Sie dessen Funktion im Text. 1 P
   b) Benennen Sie zwei weitere verwendete Stilmittel und belegen Sie diese jeweils durch ein Beispiel aus dem Text. 2 P

3. Die beiden Hauptpersonen freuen sich sehr sich wiederzusehen.

   Zitieren Sie eine Stelle aus dem Text, aus der dies hervorgeht. Achten Sie auf eine korrekte Zitierweise. 1 P

4. **Wahlaufgabe** 4 P

   Wählen Sie zur Bearbeitung **<u>entweder</u>** A) einen inneren Monolog **<u>oder</u>** B) einen Dialog als Telefongespräch aus.

   A) Verfassen Sie einen möglichen inneren Monolog, der in Erich vorgeht, als er nach dem Treffen alleine in der Straßenbahn sitzt. Formulieren Sie drei ausführliche Gedankengänge.

   oder:

   B) Im Zug sitzend, greift Renate zum Handy, um ihre Freundin anzurufen. Verfassen Sie ein mögliches Telefongespräch in Dialogform in sechs Sprechakten (wörtliche Rede).

5. Der Ort der Handlung passt sehr gut zur Geschichte. Stellen Sie in eigenen Worten ausführlich dar, inwiefern der Bahnhof mit den aus verschiedenen Richtungen ankommenden und abfahrenden Zügen treffend gewählt wurde. 3 P

6. Fassen Sie den Text in Form einer knappen Inhaltsangabe zusammen. 3 P

7. Die Abbildung **M 3** zeigt das Ergebnis einer Befragung aus dem Jahr 2015. Vergleichen Sie dieses mit der Einstellung von Renate und begründen Sie mögliche Unterschiede. Gehen Sie dabei auf den zeitlichen Aspekt ein. 2 P

8. Renate und Erich fahren in der Geschichte mit der Bahn. Laut einer aktuellen Studie zu den beliebtesten Fortbewegungsmitteln liegt der Zug bei den Deutschen allerdings auf einem der letzten Plätze.

   Erörtern Sie kritisch das Für und Wider des Zugfahrens. Legen Sie Ihre eigene Position dar.

   Erarbeiten Sie vorab eine strukturierte Gliederung zum Thema.

Achten Sie auf einen grammatisch und rechtschriftlich korrekten Text. (Umfang ca. 600 Wörter/3 Seiten bei mittlerer Schriftgröße) 22 P

9. Das Schülerzeitungsteam Ihrer Schule möchte zum Thema „Ehrlichkeit in der Beziehung" einen Erzählband veröffentlichen.

   Schreiben Sie einen Erzähltext, der das Thema aufgreift, und setzen Sie dabei angemessene sprachliche und stilistische Mittel des erzählenden Schreibens ein.

   Achten Sie auf einen grammatisch und rechtschriftlich korrekten Text. (Umfang ca. 200 Wörter/1 Seite bei mittlerer Schriftgröße) 8 P

50 P

Lösungsvorschläge zu Text 1

1. **Hinweis:** *Du erkennst die Textsorte an den typischen Merkmalen. Beim Lesen sind dir bestimmt schon Merkmale aufgefallen, beispielsweise die objektiven Berichterstattung über ein bestimmtes Thema oder die informierende und sachliche Schreibweise. Überlege zudem, was der Autor mit dem Text bewirken will.*

   Bei dem Text „Woher kommt die Angst der Deutschen vor der Abschaffung des Bargelds?" handelt es sich um eine Reportage, die in einem Onlinemagazin veröffentlich wurde. Der Autor möchte mit dem Text informieren und die Vor- und Nachteile einer Abschaffung des Bargelds beleuchten.

2. **Hinweis:** *Die indirekte Rede erkennst du am Konjunktiv des Verbs und am Bezug zum Sprecher oder zur Sprecherin. Oft schließt sich eine indirekte Rede an eine direkte an oder wird durch eine Floskel eingeleitet oder abgeschlossen, wie z. B. „[…], sagte Steiger weiter". Nenne bei Aufgabe a) <u>zwei</u> Beispiele aus dem Text. Erläutere bei b) die Funktion der indirekten Rede.*

   a) *Mögliche Textstellen:*
   - „Zudem seien Münzen und Scheine konkret anschaulich, im Gegensatz zu Karten oder E-Geld und machten es relativ einfach, die Kontrolle über Ausgaben zu behalten. Mit Karten sei das wesentlich schwerer." (Z. 23–25)
   - „Hinzu komme der befürchtete Verlust der Selbstkontrolle und der Anschaulichkeit von Münzen und Scheinen sowie die vermuteten Einschränkungen von praktischen Vorteilen des Bargeldes wie zum Beispiel, überall zahlen und es immer griffbereit haben zu können […]." (Z. 28–31)
   - „Eine Bargeldobergrenze wäre ein pauschaler und direkter Eingriff in die Freiheit und Privatsphäre der Bürgerinnen und Bürger, ohne dass dem Ziel der Geldwäschebekämpfung gedient wäre, sagte Generalsekretär Wolfgang Steiger dem RND." (Z. 39–41)
   - „Durch diese würden Geldwäsche und andere illegale Geldgeschäfte nicht wirksam begrenzt, heißt es etwa in einem Sonderdruck zu einer Ausgabe des Wirtschaftsmagazins der IHK, mit dem die Organisation seit 2016 für ihr Anliegen wirbt." (Z. 46–48)
   - „Der Gießener IHK-Hauptgeschäftsführer Matthias Leder glaubt, dass rechtschaffene Unternehmen kriminalisiert würden, während Geldwäscher Ausweichreaktionen ergreifen könnten." (Z. 49/50)
   - „Bargeld biete überdies auch Datenschutz, sagt er." (Z. 50/51)
   - „Es müsse aber klar kommuniziert werden, warum eine Obergrenze sinnvoll und im Sinne der Gesellschaft sei." (Z. 65/66)
   - „Denn, sagt er, mit Geld seien auch Gefühle verbunden. Neben der Kommunikation auf kognitiver Ebene müsse entsprechend auch die emotionale Ebene angesprochen werden." (Z. 69–71)

b) Die indirekte Rede hilft dem Autor, die Beteiligten wörtlich zu zitieren, ohne immer die direkte Rede verwenden zu müssen. So kann der Text abwechslungsreicher gestaltet werden, ohne auf die Zitate verzichten zu müssen.

3. **Hinweis:** *Dir unbekannte Ausdrücke oder ungewöhnliche Wortnutzungen kannst du erkennen und auflösen, indem du dir den Zusammenhang erschließt. Schau dir dafür die Sätze vor und nach den Ausdrücken genau an. Ein Wörterbuch kann dir außerdem helfen. Erkläre in eigenen Worten.*

   a) Der Ausdruck ist hier so zu verstehen, dass die Menschen in Deutschland sehr gerne mit Bargeld bezahlen und das sogar lieber mögen, als beim Einkauf Karten zu nutzen.

   b) Hier wird der Ausdruck „vermögen" im tatsächlichen Wortsinn verwendet. Er bedeutet, dass man in der Lage ist, etwas zu tun. Geld gibt den Menschen laut diesem Satz also die Möglichkeit zu handeln.

4. **Hinweis:** *Die Vorteile des Bargelds sind nur an wenigen Stellen des Textes ausgeführt. Die meisten Stellen sprechen eher von den Nachteilen des bargeldlosen Bezahlens, das darf nicht verwechselt werden. Deshalb musst du den Text genau lesen. Achte beim Zitieren auf die Anführungszeichen und die Zeilenangabe und verwende ggf. Auslassungszeichen.*

   Mögliche Textstellen:
   - „Zudem seien Münzen und Scheine konkret anschaulich, im Gegensatz zu Karten oder E-Geld, und machten es relativ einfach, die Kontrolle über Ausgaben zu behalten." (Z. 23–25)
   - „[…] von praktischen Vorteilen des Bargeldes wie zum Beispiel, überall zahlen und es immer griffbereit haben zu können – und Verlässlichkeit zu haben, auch wenn der Strom mal ausfällt und Karten nicht gelesen werden können." (Z. 30–32)
   - „Bargeld biete überdies auch Datenschutz, sagt er." (Z. 50/51)

5. **Hinweis:** *Du findest die wichtigen Punkte in den Zeilen 19–32. Achte darauf, eigene Wörter zu verwenden und die Wortstellung in den Sätzen zu variieren, damit ein zusammenhängender und abwechslungsreicher Text entsteht.*

   Viele Deutsche hängen emotional am Bargeld. Sie verbinden Kindheitserinnerungen und die Anschaulichkeit ihres Vermögens damit. Es vermittelt ihnen ein Freiheitsgefühl, weil sie direkt im Blick haben, dass sie sich etwas leisten können. Um bei einer möglichen Einführung einer Obergrenze von Bargeldzahlungen möglichst alle Menschen mitzunehmen, muss also auch auf der Gefühlsebene argumentiert werden. Dabei sollten Wege erkundet werden, wie die emotionale Bindung auch bargeldlos erhalten bleiben kann. Wichtig ist zudem, Befürchtungen hinsichtlich Überwachung und Beeinflussung des Kauf- und Sparverhaltens ernst zu nehmen und die Sicherheit von Bezahlvorgängen mit Karte oder Smartphone nachvollziehbar zu erläutern. Auch der Angst vor Kontrollverlust sollte man begegnen, indem die Möglichkeiten zur digitalen Übersicht von Bezahlvorgängen einfühlsam nahegebracht werden.

6. **Hinweis:** *Hier wird eine klassische Inhaltsangabe erwartet. Beginne diese immer mit einem Basissatz, in dem du Titel, Autor*in und Textart nennst. Fasse in einem weiteren Satz die Kernaussage des Textes zusammen. Für den Hauptteil ist es sinnvoll, den Text in Sinnabschnitte zu unterteilen. Markiere dafür Schlüsselbegriffe im Text. Jeden Sinnabschnitt fasst du dann mit wenigen Sätzen zusammen. Achte darauf, dass eine zusammenhängende Zusammenfassung entsteht. Formuliere deine Sätze mit eigenen Worten. Schreibe im Präsens.*

Die Reportage „Woher kommt die Angst der Deutschen vor der Abschaffung des Bargeldes?“ von Christoph Zempel erschien am 01. 08. 2021 in einem Onlinemagazin. Es geht darin um die verschiedenen Positionen zur Abschaffung des Bargelds in Deutschland.
Die EU-Kommission plant eine Obergrenze für Bargeldzahlungen von 10 000 Euro. Im Gegensatz zu den meisten EU-Ländern hat Deutschland bisher kein Limit eingeführt. Die Deutschen zahlen weiterhin am liebsten in bar, auch wenn es immer mehr digitale Zahlungsvorgänge gibt, und viele haben sogar Angst vor einer Abschaffung des Bargelds. Als Grund nennt Erich Kirchler, ein Professor für Wirtschaftspsychologie aus Wien, dass Bargeld für Freiheit steht und durch seine Anschaulichkeit und Kontrollierbarkeit als der typische Vertreter für den sonst ungenauen Begriff „Geld“ zu sehen ist. Die EU möchte mit ihrer Einschränkung vor allem Schwarzgeld und Geldwäsche vermindern. Die Gegenstimmen aus verschiedenen Lagern sehen die Bargeldbegrenzung als wirkungslosen Ansatzpunkt für dieses Problem und führen Handel und Wirtschaft als Leidtragende an, die wie Kriminelle behandelt würden. Zudem greife das Limit in die Freiheit und die Privatsphäre der Bürger*innen ein. Die Befürworter der Obergrenze sehen die Vorteile von Bargeld lediglich in kleinen Beträgen und die Pläne der EU-Kommission als Chance, Diebstähle zu vermeiden und kriminelle Geschäfte besser verhindern zu können. Sie fordern aber auch eine gute Kommunikation über die Gründe der Begrenzung und weitere Maßnahmen zur Eindämmung von Geldwäsche.

7. a) **Hinweis:** *Hier beschreibst du die Abbildung genau und nennst die wesentlichen Details. In der Aufgabe ist keine Interpretation gefordert.*

Die Abbildung zeigt einen Taucher unter Wasser, der eine Schatzkiste öffnet. Darin befinden sich ausschließlich EC- oder Kreditkarten, was den Taucher fluchen lässt.

b) **Hinweis:** *Ein innerer Monolog ist ein gedankliches Selbstgespräch. Überlege, wie sich der Taucher in der Situation fühlt und was er denkt. Mach dir dazu am besten stichpunktartige Notizen. Bedenke, dass du vier Gedanken aufnehmen sollst. Verfasse dann den inneren Monolog. Denke daran, dass du dafür in die Rolle des Mannes schlüpfen und aus seiner Sicht in der Ich-Form schreiben musst. Damit dein Monolog möglichst anschaulich wird, kannst du umgangssprachliche Ausdrücke, unvollständige Sätze, Ausrufe oder Fragen an dich selbst einsetzen. Schreibe im Präsens.*

Was ist das denn? So ein Mist … Was ist aus dem guten alten Gold geworden? Das konnte jahrelang auf dem Meeresgrund liegen und war danach immer noch zu gebrauchen! Was für ein unendlich unnützer Schatz! Die Karten sind längst beschädigt und außerdem eh nicht nutzbar ohne PIN! Das ist jetzt nur noch Plastikmüll, der auch noch schlecht für die Pflanzen und Tiere ist. Und dafür bin ich hier abgetaucht und hab all die Mühen auf mich genommen. Das hat sich ja echt wunderbar gelohnt ... Was für ein schlechtes Ergebnis! Wer kam denn auf diese Idee, die Karten zu versenken? Oder war schon jemand vor mir hier und hat Gold oder Geld mit den Karten getauscht, weil er erkannt hat, dass Bares doch das Wahre ist?

8. **Hinweis:** *Gefordert wird eine dialektische Erörterung, also eine Erörterung, die Pro- und Kontra-Argumente abwägt. Du sollst auf Vor- und Nachteile eingehen, die sich aus der Reduzierung von Bargeldzahlungen ergeben. Beginne mit einer Stoffsammlung, z. B. in einer Mindmap. Welche Möglichkeiten ergeben sich durch bargeldloses Bezahlen? Welche Risiken hat es? Denke an Situationen, in denen sich Menschen für digitales oder für bares Bezahlen entscheiden. Schreibe alles auf, was dir dazu einfällt. Ordne deine Notizen anschließend und erstelle eine strukturierte Gliederung. Danach schreibst du deine Erörterung. Beginne sie mit einer Einleitung. Diese muss das Thema des Textes enthalten, darf aber noch kein Argument vorwegnehmen. Anschließend schreibst du den Hauptteil, in dem du deine Argumente sachlich ausführst. Beginne deinen Text mit dem schwächsten und beende ihn mit dem stärksten Argument. Achte darauf, dass jedes Argument eine Behauptung, eine Begründung und ein Beispiel enthält. Beende den Text mit einer klaren Positionierung für oder gegen die Reduzierung von Bargeldzahlungen. Begründe deine Meinung. Äußerlich sollte der Text mithilfe von Absätzen gegliedert sein. Achte auf eine korrekte Orthografie, die Zeichensetzung und eine treffende Wortwahl. Benutze zudem Fachausdrücke und wechsle deine Satzmuster und Satzanfänge ab.*

Gliederung und Lösungsbeispiel

Einleitung

Hinführung und Themenfrage: Bargeldzahlungen sind in Deutschland nach wie vor sehr beliebt. Welche Vor- und Nachteile ergeben sich aus dem Reduzieren von Bargeldzahlungen?

Hauptteil

1. Nachteile
   - 1.1 größere Neigung zu Spontankäufen
   - 1.2 Risiko von Datenklau und Identitätsbetrug
2. Vorteile
   - 2.1 Erleichterung von Bezahlvorgängen
   - 2.2 Absicherung vor Diebstählen und anderen Verlusten

Schluss

Stellungnahme: Zunehmende Sicherheit und Gewöhnung führen langfristig zur Umstellung auf bargeldloses Bezahlen.

Während der Coronapandemie waren wir alle aufgerufen, möglichst bargeldlos im Einzelhandel zu bezahlen. Ein Trend zum überwiegenden Umstieg auf Karte und Bezahl-App wie in anderen Ländern hat sich dennoch nicht entwickelt. Bargeld ist in Deutschland weiterhin die beliebteste Zahlungsmethode. Vor diesem Hintergrund soll im Folgenden erörtert werden,

Einleitung
Bargeldzahlungen in Deutschland immer noch sehr beliebt

welche Vor- und Nachteile sich aus dem Reduzieren von Bargeldzahlungen ergeben.

Hauptteil
Nachteil 1: größere Neigung zu Spontankäufen

In einer Studie aus dem Jahr 2018 gaben gut zwei Drittel der Befragten an, dass bargeldloses Bezahlen schneller zum Kauf ermutigt. Das ist ein klarer Nachteil gegenüber dem Bezahlen mit Bargeld, da man so leicht zu viel ausgeben kann und womöglich die Kontrolle über sein Geld verliert. Die Karte oder das Smartphone hat man schnell ans Lesegerät gehalten und der Betrag ist genauso schnell vom Konto verschwunden. Bei Bargeldzahlungen muss man die Scheine erst einmal aus dem Geldbeutel heraussuchen und abzählen. Dabei merkt man vermutlich, dass die Summe, die man gerade ausgeben möchte, doch ziemlich groß ist, und man überlegt es sich wahrscheinlich noch einmal anders.

Nachteil 2: Risiko von Datenklau und Identitätsbetrug

Bei der Nutzung von Bezahl-Apps besteht das Risiko, dass Dritte Zugriff auf die persönlichen Daten erhalten und man Opfer von Identitätsbetrug wird. Immer wieder erzählen Menschen, dass Bestellungen und Einkäufe von ihren Accounts aus getätigt wurden, sie selbst aber nichts davon wussten. Zum einen kann das passieren, wenn Apps aufgrund von Sicherheitsproblemen gehackt werden, zum anderen stellt der Verlust des Handys und die unzureichende Sicherung der Apps durch die User ein Problem dar. Letzteres hängt insbesondere damit zusammen, dass viele noch nicht an das Bezahlen per App gewöhnt sind und sie noch besser über Sicherungsmöglichkeiten wie schwer zu knackende Passwörter informiert werden müssen. Ebenso müssen die Anbieter von Bezahl-Apps die Datensicherheit stets im Blick haben und laufend auf Sicherheitslücken reagieren. Nur so können Apps langfristig eine risikoarme Alternative zu anderen Zahlungsmethoden werden.

Vorteil 1: Erleichterung von Bezahlvorgängen

Den Nachteilen steht ein ganz wichtiger Vorteil gegenüber: Bargeldloses Bezahlen ist in vielerlei Hinsicht eine Erleichterung. Will man etwas bezahlen, reicht die Karte oder das Smartphone. Damit spart man sich den Gang zum Automaten und muss nicht ständig darauf achten, genügend Bargeld dabei zu haben. Außerdem muss man nicht mühsam Scheine und Münzen zusammensuchen, sondern es wird einfach der passende Betrag abgebucht. Der Bezahlvorgang wird also wesentlich komfortabler. Insbesondere an der Supermarktkasse, wenn man gerade noch mit dem Einräumen der Einkäufe beschäftigt ist und der Kassierer oder die Kassiererin schon den Betrag nennt, den man bezahlen muss, ist es leichter, schnell Handy oder Karte ans Lesegerät zu halten, als erst noch umständlich im Geldbeutel zu kramen. Diese Einfachheit ist für viele Menschen ein überzeugender Grund, auf digitales Bezahlen umzusteigen.

Vorteil 2: Absicherung vor Diebstählen und anderen Verlusten

Im Laufe der Jahre hat sich die Sicherheit von digitalen Bezahlvorgängen stark erhöht. Diese Entwicklung schreitet beständig voran. Betrug wird dadurch immer unwahrscheinlicher und Diebstahl zunehmend erschwert. Insbesondere bei größeren Beträgen ist es daher wesentlich sicherer, digital zu bezahlen, als Bargeld zu nutzen. Ein Beispiel hierfür ist ein Hauskauf. Dabei müsste man einen ganzen Koffer voller Geld mit sich herumtragen. Sollte diesen jemand klauen oder vergisst man ihn im Café oder der Bahn, ist das Geld weg und man bekommt es im schlimmsten Fall nicht mehr zurück. Aber auch schon der Verlust des Portemonnaies kann sehr ärgerlich sein, vor allem wenn man gerade beim Geldautomaten war. Wird nur die Bankkarte geklaut, so kann man diese schnell über eine Notfallnummer sperren lassen und Schlimmeres verhindern.

Schluss
Stellungnahme: Zunehmende Sicherheit und Gewöhnung führen langfristig zur Umstellung auf bargeldloses Bezahlen.

Abschließend betrachtet, überwiegen die Vorteile des bargeldlosen Bezahlens klar die Nachteile. Man hat jederzeit und überall den passenden Betrag parat und muss sich vor allem bei größeren Beträgen keine Sorgen machen, dass man sie verliert oder bestohlen wird. Banken und Anbieter von Bezahl-Apps kümmern sich zudem darum, dass digitales Bezahlen immer sicherer wird. Außerdem gewöhnen sich die Menschen wie bei anderen technischen Fortschritten immer mehr an das Einkaufen per App oder Karte und werden zunehmend sicherer im Umgang damit. Die Risiken werden also kleiner und die Gewöhnung größer, sodass wir sicher alle irgendwann auf bargeldloses Bezahlen umsteigen. Je jünger und technisch affiner, desto früher.

(653 Wörter)

9. **Hinweis:** *Ein Erzähltext ist eine Alltagsgeschichte, die beispielsweise in Form einer Urlaubserzählung, eines Märchens, eines Tagebucheintrages oder Ähnlichem gestaltet werden kann. Wichtig ist, dass zu erkennen ist, welche spezielle Textsorte du gewählt hast. Inhaltlich muss das Thema „bargeldloses Bezahlen" aufgegriffen werden. Beginne deinen Text immer mit einer thematischen Einführung. Beschreibe die Gedanken und Gefühle von dir und/oder deinen Hauptfiguren. Auch auf Hoffnungen und Befürchtungen kannst du eingehen. Achte auf eine korrekte Rechtschreibung und grammatikalisch richtige Sätze. Um den Text interessant zu gestalten, solltest du verschiedene Satzanfänge und Stilfiguren wie sprachliche Bilder und Vergleiche verwenden.*

Ich setze alles auf (m)eine Karte

Zu meinem 14. Geburtstag habe ich meine eigene Bankkarte bekommen, mit der ich selbstständig bezahlen und Geld abheben kann.
Ich kann also ganz allein entscheiden, was ich mir wann kaufen möchte, und muss nicht mehr meine Eltern darum bitten, mir bei größeren Ausgaben Geld von meinem Konto auszuzahlen. Das finde ich großartig! Durch die Möglichkeit, bargeldlos bezahlen zu können, muss ich außerdem keinen Geldbeutel mehr mitschleppen, sondern kann die Karte einfach in meine Handyhülle stecken. Sehr praktisch!
Mit der Freiheit kam aber auch ein großes Stück Verantwortung. Ich muss nun noch besser darauf achten, dass ich mir mein Geld gut einteile, weil ich es ja nicht mehr direkt in meiner Geldbörse sehe. Um einen Überblick über meine Ausgaben zu haben und nicht gleich alles auf einmal zu verprassen, habe ich ein tägliches Limit mit meinen Eltern und der Bank vereinbart. Ich kann also höchstens 50 Euro am Tag abheben oder abbuchen lassen. Aber natürlich gebe ich trotzdem nicht jeden Tag 50 Euro aus. Da wäre ich schnell pleite! Zusätzlich zu

meinem Tageslimit prüfe ich in der Onlinebanking-App mindestens einmal pro Woche und zusätzlich vor größeren Bezahlungen, wie viel Geld ich noch zur Verfügung habe. So kann es mir nicht passieren, dass ich ins Minus rutsche.
Mit ein paar Vorsichtsmaßnahmen ist so eine Bankkarte also eine unheimlich praktische Sache und ein spannender und wichtiger Schritt Richtung Erwachsenwerden! (226 Wörter)

Lösungsvorschläge zu Text 2

1. **Hinweis:** *Du erkennst die Textsorte an den typischen Merkmalen. Prüfe den Text darauf. Wähle drei exemplarische Merkmale aus und suche im Text nach einer dazu passenden Textstelle.*

   Der Text „Masken“ von Max von Grün ist eine Kurzgeschichte. Deutlich wird das an:
   - dem unmittelbaren Einstieg: „Sie fielen sich unsanft auf dem Bahnsteig 3 a des Kölner Hauptbahnhofes in die Arme und riefen gleichzeitig: ‚Du?!‘“ (Z. 1–2)
   - den wenigen Figuren im Text. Es kommen nur Renate und Erich vor: „Es war ein heißer Julivormittag und Renate wollte in den D9Zug nach Amsterdam über Aachen, Erich verließ diesen Zug, der von Hamburg kam.“ (Z. 2–3)
   - der erzählten Zeit. Sie beträgt nur wenige Stunden: „Es war ein heißer Julivormittag“ (Z. 2) und „Kurz vor drei brachte er sie zum Bahnhof.“ (Z. 67)

2. a) **Hinweis:** *Stilmittel haben je nach Textart meist eine Funktion. Lies dir den Text noch einmal genau durch und achte darauf, was das Stilmittel der Wiederholung bewirkt.*

   Die Wiederholungen geben meistens die Gedanken der Hauptfiguren direkt wieder, nämlich genau so, wie sie ihnen in den Sinn kommen. Es wird deutlich, dass dies Gedankenströme sind, die zeigen, wie es Erich und Renate geht. Sie sind aufgeregt, nachdenklich und kaum in der Lage, einen klaren Gedanken zu fassen. Die Wiederholungen verdeutlichen die Gefühlswelt und erleichtern es den Leser*innen, daran teilzuhaben.

   b) **Hinweis:** *Suche im Text nach den dir bekannten Stilmitteln. Schreibe zwei Stück mit dem richtigen Fachbegriff auf und nenne jeweils ein Beispiel. Zeilenangaben sind hier nicht unbedingt erforderlich, helfen dir aber, wenn du deine Lösungen noch einmal durchliest.*

   Mögliche Stilmittel und Textstellen:
   - überlange Satzreihe: „Menschen drängten aus den Wagen auf den Bahnsteig, Menschen vom Bahnsteig in die Wagen, die beiden aber standen in dem Gewühl, spürten weder Püffe noch Rempeleien und hörten auch nicht, dass Vorübergehende sich beschwerten, weil sie ausgerechnet vor den Treppen standen und viele dadurch gezwungen wurden, um sie herumzugehen.“ (Z. 3–7)
   - sprachliches Bild/Metapher: „jeder forschte im Gesicht des anderen“ (Z. 9); „Habe umgesattelt“ (Z. 33); „Beide aber fanden danach keine Brücke mehr zueinander.“ (Z. 40/41); „ich kenne ihr Lachen, ich habe es im Ohr gehabt“ (Z. 55)
   - rhetorische Frage: „Na, sind Sie endlich da?“ (Z. 90)
   - Antithese: „Sie wollten und wollten doch nicht.“ (Z. 41)

3. **Hinweis:** *Im Text sind einige Stellen zu finden, die die Wiedersehensfreude belegen. Suche die für dich passendste aus und achte auf eine korrekte Zitierweise mit Anführungszeichen und Zeilenangabe.*

Mögliche Textstellen:
- „Schade, dachte er, wenn sie nicht so eine Bombenstellung hätte, ich würde sie jetzt fragen, ob sie mich noch haben will.“ (Z. 30/31)
- „Schade, wenn er nicht so eine Bombenstellung hätte, ich würde ihn fragen, [...] ob er noch an den dummen Streit von damals denkt und ob er mich noch haben will. Ja, ich würde ihn fragen.“ (Z. 43–45)
- „Jetzt müsste ich ihr sagen, dass ich sie noch immer liebe, dass es nie eine andere Frau für mich gegeben hat, dass ich sie all die Jahre nicht vergessen konnte.“ (Z. 51–53)
- „‚Es war schön, dich wieder einmal zu sehen. Und dann so unverhofft ...‘“ (Z. 73/74)

4. **Hinweis:** *Beachte, dass du bei Aufgabe 4* ***entweder*** *Wahlaufgabe A* ***oder*** *Wahlaufgabe B bearbeiten musst. Der Vollständigkeit halber findest du hier beide Lösungen.*

Wahlaufgabe A

Hinweis: *Ein innerer Monolog ist ein gedankliches Selbstgespräch. Überlege, wie sich Erich fühlt und was er denkt. Mach dir dazu am besten stichpunktartige Notizen. Wähle die drei Gedankengänge aus, zu denen dir am meisten einfällt. Verfasse dann den inneren Monolog. Denke daran, dass du dafür in Erichs Rolle schlüpfen und aus seiner Sicht in der Ich-Form schreiben musst. Damit dein Monolog möglichst anschaulich wird, kannst du umgangssprachliche Ausdrücke, unvollständige Sätze, Ausrufe oder Fragen an dich selbst einsetzen. Schreibe im Präsens.*

Unglaublich, dass mich ein und dieselbe Begegnung so unendlich glücklich und gleichzeitig unendlich traurig macht. Was war das für eine große Freude, Renate endlich wiederzusehen. Gut sah sie aus! Und als sie sagte, sie habe keinen Mann, wäre mir fast das Herz vor Glück aus der Brust gesprungen. Doch leider bin ich immer noch ölverschmiert und arbeite jetzt halt als Kranführer und nicht mehr als Schlosser.
Das hätte ich ihr niemals sagen können. Zu sehr hat ihr abschätziges Lachen mich damals verletzt. Ich war ihr nicht gut genug – und bin es noch immer nicht. Jetzt erst recht nicht mehr. Sie hat so eine gute Stelle. Dagegen bin ich nichts. Dabei ist sie die Einzige, mit der ich zusammen sein will. Aber so ist es jetzt wohl besiegelt.
Ich werde alleine leben und alleine sterben. Wie unglücklich kann man sein? Einsam und alleine, nur weil man kein Großverdiener ist. Dabei mag ich meinem Beruf und meine Arbeit. Doch mir fehlt die Liebe. Wie gerne hätte ich beides gehabt, meine Arbeit und Renate.

Wahlaufgabe B

Hinweis: *Die sechs Sprechakte wechseln zwischen Renate und ihrer Freundin. Überlege dir, was Renate ihrer Freundin erzählen möchte und wie diese reagiert. Verwende wörtliche Rede und achte auf die korrekte Zeichensetzung.*

RENATE: „Oh Silvia, du wirst nicht erraten, was gerade Schönes und zugleich Schreckliches passiert ist! Ich bin noch immer ganz durch den Wind und heule mir die Augen aus!"

SILVIA: „Um Himmels Willen, Renate! Was ist denn los? Wo bist du? Brauchst du Hilfe?"

RENATE: „Ich habe Erich getroffen. Am Bahnhof, beim Aussteigen bin ich praktisch in ihn hineingelaufen. Wir haben zusammen gegessen und Cognac getrunken und stundenlang miteinander gesprochen. Es war wie früher. Er ist so lustig. Fast hätte ich ihm gesagt, dass ich ihn noch liebe. Aber er hat doch jetzt eine Bombenstellung und würde mich auslachen. Verdient hätte ich es, so wie ich damals über ihn gespottet habe. Ach, wäre ich nicht so jung und dumm gewesen."

SILVIA: „Renate, was erzählst du da? Du hast mit Erich gegessen und hast ihm nicht gesagt, dass du ihn seit fünfzehn Jahren vermisst? Das wäre die Gelegenheit gewesen, um dich für deine dummen Sprüche zu entschuldigen! Du lässt den Mann einfach ziehen? Wegen seiner Stellung?! Renate, wann wirst du gescheiter? Die Arbeit darf doch nicht über die Liebe entscheiden! Wenn er der Richtige ist, ist ihm egal, wo du arbeitest und was du verdienst."

RENATE: „Dann bin ich aber nicht die Richtige für ihn! Schließlich hab ich ihn damals wegen seiner Stellung verlassen. Und jetzt soll er mit so einer Bombenstellung mich kleine Verkäuferin wollen? Niemals, Silvia, niemals. Das ist die gerechte Strafe für mein eingebildetes Verhalten damals. Ich muss jetzt auflegen. Danke, dass du mir zugehört hast. Kann ich mich morgen noch einmal bei dir melden?"

SILVIA: „Ach Renate. Versprich mir, dass du nicht noch mal denselben Fehler machst, wenn euch das Schicksal noch mal zusammenführen sollte. Du sagst ihm dann, dass du ihn liebst und keinen Tag mehr ohne ihn sein möchtest. Wer nicht wagt, der nicht gewinnt! Melde dich gerne morgen. Ich bin für dich da."

5. **Hinweis:** *Handlungsorte werden stets bewusst gewählt. Die Aufgabenstellung gibt dir bereits an, dass er in diesem Fall sinnbildlich für die Handlung steht oder ihn zumindest in Teilen verdeutlicht. Untersuche die innere und die äußere Handlung des Textes und finde Parallelen.*

Der Bahnhof ist ein gemeinsames (Zwischen-)Ziel der Züge, die aus unterschiedlichen Richtungen kommen und in verschiedene Richtungen weiterfahren. Sie treffen sich für eine kurze Zeit an diesem belebten Ort und trennen sich dann wieder. Genauso verhält es sich bei Renate und Erich, die aus unterschiedlichen Richtungen und Leben kommen, sich für ein paar Stunden treffen und dann wieder in unterschiedliche Richtungen und Leben verabschieden. So wurde der Ort sinnbildlich für die Handlung selbst ausgewählt und stellt deren Verlauf dar.

6. **Hinweis:** *Hier wird eine klassische Inhaltsangabe erwartet. Beginne diese immer mit einem Basissatz, in dem du Titel, Autor*in, Textart und die Kernaussage des Textes nennst. Die Kernaussage kannst du ggf. auch in einem zweiten Satz schreiben. Für den Hauptteil ist es sinnvoll, den Text in Sinnabschnitte zu unterteilen. Markiere dafür Schlüsselbegriffe im Text. Jeden Sinnabschnitt fasst du dann mit wenigen Sätzen zusammen. Achte darauf, dass eine zusammenhängende Zusammenfassung entsteht. Formuliere deine Sätze mit eigenen Worten. Schreibe im Präsens.*

Die Kurzgeschichte „Masken" von Max von Grün handelt von Renate und Erich, die einmal ein Paar waren und sich nach 15 Jahren ohne Kontakt zufällig auf einem Bahnhof treffen. Die Geschichte beginnt mit dem überraschenden Zusammentreffen von Renate und Erich auf einem Bahnsteig. Die Beziehung der beiden war vor 15 Jahren daran gescheitert, dass Renate die Stellung von Erich als Schlosser nicht gereicht hatte. Als sie sich nun unverhofft wieder gegenüberstehen, wissen sie erst nicht recht, wie sie sich verhalten sollen. Sie gehen schließlich in ein Café, in dem sie sich unterhalten, essen und Cognac trinken. Als sie von ihrem beruflichen Werdegang berichten, lügen sie sich gegenseitig an und gaukeln eine sehr gute Stellung vor. Davon eingeschüchtert, trauen sich beide nicht, ihre Gefühle füreinander zu offenbaren. Nach einigen Stunden trennen sie sich wieder, ohne Kontaktdaten zu tauschen und ohne Aussicht auf ein Wiedersehen, was beide im Nachhinein bereuen.

7. **Hinweis:** *Sieh dir zunächst das Diagramm an und werte es aus. Überlege, welche der Aussagen auf Renate zutreffen oder nicht zutreffen. Gib dann mit Bezug auf die Umfrage deine Einschätzung zu Renates Einstellung an. Denke anschließend an die Zeit, in der die Beziehung zwischen Renate und Erich bestand, und begründe ihre Einstellung mit der damaligen Situation.*

Im Jahr 2015 wurden Menschen gefragt, ob es ihnen wichtig ist, wie viel ihr Partner oder ihre Partnerin verdient. 62 % der Befragten, also fast zwei Drittel, waren der Meinung, dass die Liebe alleine zählt und der Verdienst keine Rolle spielt. 20 % gaben an, dass der Partner oder die Partnerin ähnlich viel wie sie selbst verdienen sollte, und nur 14 % wünschten sich, dass der Partner oder die Partnerin mehr verdienen soll. Die Erzählung „Masken" erschien 1965 und wir gehen davon aus, dass die Handlung ungefähr zur selben Zeit anzusiedeln ist. Erich hatte Renate in ihrer Beziehung, die demzufolge etwa um 1950 bestanden haben müsste, nicht genügt, weil er zu wenig verdiente. Wir wissen nicht, ob er mehr oder ähnlich verdient hatte wie sie. Aber wir wissen sicher, dass Renate im Gegensatz zur Mehrheit der Befragten im Jahr 2015 Wert darauf legte, dass der Verdienst angemessen war und nicht nur die Liebe als wichtig erachtete. Ein möglicher Grund hierfür ist, dass Frauen um 1950 in einer Ehe noch sehr abhängig von ihrem Mann waren. Der Mann galt in der Regel als Versorger und Frauen durften nur mit seiner Zustimmung arbeiten gehen.

8. **Hinweis:** *Gefordert wird eine dialektische Erörterung, also eine Erörterung, die Pro- und Kontra-Argumente abwägt. Du sollst auf das Für und Wider des Zugfahrens eingehen. Beginne mit einer Stoffsammlung, z. B. in einer Mindmap. Wann hat Bahnfahren Vorteile? In welchen Situationen ist es eher nicht so toll? Denke dabei auch an deine bisherigen Zugfahrten und beachte sowohl individuelle als auch allgemeine Auswirkungen. Schreibe alles auf, was dir dazu einfällt. Ordne deine Notizen anschließend und erstelle eine strukturierte Gliederung. Danach schreibst du deine Erörterung. Beginne sie mit einer Einleitung. Diese muss das Thema des Textes enthalten, darf aber noch kein Argument vorwegnehmen. Anschließend schreibst du den Hauptteil, in dem du deine Argumente sachlich ausführst. Beginne deinen Text mit dem schwächsten und beende ihn mit dem stärksten Argument. Achte darauf, dass jedes Argument eine Behauptung, eine Begründung und ein Beispiel enthält. Beende den Text mit einer klaren Positionierung für oder gegen das Bahnfahren. Begründe deine Meinung. Äußerlich sollte der Text mithilfe von Absätzen gegliedert sein. Achte auf eine korrekte Orthografie, die Zeichensetzung und eine treffende Wortwahl. Benutze zudem Fachausdrücke und wechsle deine Satzmuster und Satzanfänge ab.*

Gliederung und Lösungsbeispiel

Einleitung
Hinführung zum Thema und Themenfrage: Mit der Bahn zu fahren, scheint auf den ersten Blick die Lösung vieler aktueller Probleme. Allerdings ist Bahnfahren aus vielen Gründen sehr unbeliebt. Wo liegen also Für und Wider des Zugfahrens?

Hauptteil

1. Wider/Nachteile
   1.1 hohe Kosten
   1.2 Abhängigkeit von Fahrtzeiten und Streckenführungen
2. Für/Vorteile
   2.1 komfortabel und zeitsparend
   2.2 umweltfreundlich

Schluss
Stellungnahme: Die Umwelt ist wichtiger als individuelles Reisen.

Einleitung
Bahnfahren als Lösung vieler Probleme, aber dennoch unbeliebt

In Zeiten von Klimawandel, steigenden Energiekosten und ewigen Staus wäre es naheliegend, auf die öffentlichen Verkehrsmittel umzusteigen. Vor allem das Bahnfahren erscheint als gute Lösung für mittlere und weitere Strecken. Allerdings ist Bahnfahren dennoch unbeliebt. Im Folgenden soll daher erörtert werden, wo Für und Wider des Zugfahrens liegen.

Hauptteil
Nachteil 1: hohe Kosten

Ob sich Bahnfahren lohnt, hängt oft vom Preis ab. Gerade für kurzfristige Fahrten sind die Ticketpreise meist sehr hoch. Wer günstig Zugfahren will, muss die Fahrkarte lange im Voraus zu Spartarifen kaufen, die nicht umbuchbar sind und auch keine Sitzplatzreservierung enthalten. Das bedeutet unflexible Abfahrtszeiten, lange Vorplanung und womöglich Reisen ohne Sitzplatz. Deshalb wählen viele dann doch das Auto, mit dem sie flexibel und häufig erschwinglicher verreisen können. Bei längeren Strecken lohnt sich preislich sogar meist das Flugzeug, da Billiganbieter und Charterflüge sehr günstig und kurzfristig verfügbar sind. Als meine Familie eine Reise an die Ostsee geplant hat, haben wir uns letztlich für das Auto entschieden, weil die Kosten damit für fünf Personen deutlich niedriger waren als der Kauf von fünf Fahrkarten.

Nachteil 2: Abhängigkeit von Fahrtzeiten und Streckenführungen

Neben dem finanziellen Aspekt ist auch die schlechte Flexibilität ein Grund, der gegen das Bahnfahren spricht. Die Züge fahren zu vorgegebenen Zeiten – wenn sie denn fahren und nicht entfallen oder Verspätungen haben. Als Fahrgast hat man darauf keinen Einfluss und ist sowohl an die Zeiten als auch an die Streckenführungen gebunden. Mit Umsteigen und Gleiswechseln ist das Reisen oft zeitintensiv und anstrengend. So entscheiden sich viele Menschen für das Auto und fahren, wann sie wollen, und die Strecke, die sie wollen – sei es nun der direkte Weg oder eine Route mit Zwischenstopps, die man vorab für Pausen kombiniert mit schönen Erlebnissen ausgesucht hat. Meine Familie hat sich zum Beispiel schon nachts auf den Weg an die Ostsee gemacht, in verschiedenen Städten pausiert und nach persönlichem Interesse Stadtführungen und Ausflugsziele besucht.

Vorteil 1: komfortabel und zeitsparend

Auf der anderen Seite ist das Zugfahren, sobald man auf einem Platz sitzt, sehr komfortabel. Ohne die Verantwortung, auf den Verkehr und die Routenführung achten zu müssen, kann man die Fahrt genießen. Man kann einfach aus dem Fenster schauen oder während der Fahrt lesen, einem Hobby wie Malen oder Knobeln nachgehen, etwas essen, schlafen oder auch lernen und arbeiten. Dadurch lässt sich sogar Zeit sparen, weil die Reisezeit zur Arbeitszeit wird und Aufgaben unterwegs erledigt werden können. Als ich in den Ferien alleine nach Frankfurt zu meiner Oma gefahren bin, war der Zug eine gute Lösung. Ich konnte ohne Umsteigen in kurzer Zeit reisen und währenddessen dank meines Sitzplatzes im Ruhebereich für meine Abschlussprüfung lernen. Dadurch hatte ich bei meiner Oma mehr Zeit für schöne gemeinsame Unternehmungen.

Vorteil 2: umweltfreundlich

Der größte Vorteil des Zugfahrens, insbesondere im Hinblick auf Klimawandel und schwindende Rohstoffe, ist jedoch, dass diese Art des Reisens sehr umweltfreundlich ist. Die Strecken und auch die Züge haben eine lange Lebensdauer und sind so ressourcenschonend. Aber besonders hinsichtlich des CO_2-Ausstoßes schneidet die Bahn deutlich besser ab als Auto oder Flugzeug. So werden bei einer Reise mit dem Zug durchschnittlich unter 1 g Treibhausgase pro Person und Kilometer ausgestoßen. Bei Auto und Flugzeug sind es rund 150 bis 200 g – ein beeindruckender Unterschied. Um unsere Erde zu erhalten und Klimaziele zu erreichen, kann man durch den Umstieg von Auto und Flugzeug auf den Zug als einzelne Person also einen wichtigen Beitrag leisten.

Schluss

Stellungnahme: Umwelt vor Individualität

Auch wenn das Auto Flexibilität und Individualität ermöglicht, sollte der Zug, wann immer es möglich ist, genutzt werden, da einem freies und unabhängiges Reisen auch nichts mehr nützt, wenn es unsere Erde irgendwann nicht mehr gibt. Unter den aktuellen Bedingungen vonseiten der Bahn ist es zwar nötig, jede Zugfahrt auf ihren persönlichen Nutzen zu prüfen. Halten sich die Unannehmlichkeiten aber in Grenzen, ist die Bahn im Sinne der Umweltverträglichkeit immer zu bevorzugen. Wenn möglichst viele Menschen die Bahn nutzen, bleibt außerdem zu hoffen, dass diese ihr Angebot ausbaut und die Kosten sinken. (632 Wörter)

9. **Hinweis:** *Gefordert wird ein Erzähltext. Das ist eine Alltagsgeschichte, die beispielsweise in Form einer Urlaubserzählung, eines Märchens, eines Tagebucheintrages oder Ähnlichem gestaltet werden kann. Wichtig ist, dass zu erkennen ist, welche spezielle Textsorte du gewählt hast. Inhaltlich muss das Thema „bargeldloses Bezahlen" aufgegriffen werden. Beginne deinen Text immer mit einer thematischen Einführung. Beschreibe die Gedanken und Gefühle von dir und/oder deinen Hauptfiguren. Auch auf Hoffnungen und Befürchtungen kannst du eingehen. Achte auf eine korrekte Rechtschreibung und grammatikalisch richtige Sätze. Um den Text interessant zu gestalten, solltest du verschiedene Satzanfänge und Stilfiguren wie sprachliche Bilder und Vergleiche verwenden.*

Jetzt mal ehrlich!

In der Klasse 10 b sind sie das absolute Traumpaar: Jule und Ben. Jule ist nicht nur wunderschön, sondern auch Klassenbeste in fast jedem Fach. Sie ist immer freundlich, hilfsbereit und offen für jede Idee. Seit einigen Wochen ist sie mit Ben zusammen. Er ist klug, nett und der coolste Junge der Klasse. Alle bewundern die beiden und wollen auch so eine tolle Beziehung haben.

Heute ist Wandertag und die ganze Klasse ist aufgeregt. Alle wissen, dass es heute Gelegenheiten geben wird, ins Gespräch zu kommen und sich ein bisschen besser kennenzulernen. Schon auf der Busfahrt gibt es ein ständiges Plätzetauschen. Alle rutschen solange vom einen zur anderen, bis alle dort sitzen, wo sie hin wollten. Jonas neben Leila, Mara neben Lukas, Sandro neben Max und Karina neben Juanita. Das Geschnatter ist groß.

Als sie am Wanderparkplatz ankommen, gehen die Gespräche weiter. Alle haben sich etwas zu erzählen und lachen laut. Nur Jule sitzt einsam unter einem Baum und fragt mehrmals, wann es endlich losgehen kann. Auch Ben wirkt nicht glücklich und hat nichts mit Jule zu besprechen. „Komisch", denkt er sich, „alle finden, wir sind das absolute Traumpaar. Nur ich, ich denk das nicht mehr. Wir haben überhaupt nichts, was wir beide toll finden. Worüber soll ich denn mit Jule reden?" Er bemerkt, dass Jule sich nicht wohlfühlt, und spricht sie an: „Sag mal, was ist denn los?" Sie blickt zu Boden und sagt leise: „Ich weiß nicht. Aber findest du nicht, dass eher die anderen uns als Traumpaar sehen und wir – jetzt mal ehrlich – eigentlich gar nicht richtig zusammenpassen?"

Jetzt muss Ben grinsen: „Doch, wir passen gut zusammen. Ich habe mir gerade das Gleiche gedacht! Dann lass uns doch am besten einfach wieder Klassenkameraden werden."

(288 Wörter)

Übungsaufgaben im Stil der neuen M10-Prüfung
Übungsaufgabe 2

Bearbeitungshinweise

- Sie haben zwei Texte zur Auswahl. Lesen Sie diese und die dazugehörigen Arbeitsaufträge aufmerksam durch.
- Wählen Sie **einen** Text aus.
- Legen Sie zu Ihrem ausgewählten Text die Arbeitsaufträge und das Material bereit.
- Bearbeiten Sie die Aufgaben möglichst in der angegebenen Reihenfolge auf einem gesonderten Blatt.
- Schreiben Sie grundsätzlich in ganzen Sätzen, außer in der Aufgabe wird etwas anderes gefordert.
- Achten Sie auf eine saubere äußere Form.
(→ Abzug von insgesamt bis zu 2 Punkten möglich)
- Achten Sie auf eine korrekte Rechtschreibung*.
(→ Abzug von insgesamt bis zu 3 Punkten bei den Aufgaben 1 bis 6 zu Text 1 bzw. bei den Aufgaben 1 bis 7 zu Text 2 möglich)

Ein deutschsprachiges Wörterbuch in Printform ist **erlaubt**.

*Bei Schülerinnen und Schülern mit einer anerkannten Rechtschreibstörung führen Rechtschreibfehler nicht zu Punktabzug (vgl. § 34 Abs. 7 BaySchO). Grammatik und Zeichensetzung fließen in die Bewertung ein.

Text 1

Aggressive Cybertrolle – Hass aus dem Internet wird real

Internet-Trollen ging es früher nur um alberne Streiche. Heute schrecken sie vor nichts mehr zurück – erst kürzlich wurde ein Grab geschändet. Wie entstand aus einer harmlosen Bewegung eine Cyberarmee der neuen Rechten?

Wer wird im Land so sehr gehasst, dass er den Tod verdient? Diese Frage stellen sich die Menschen in einer Episode der Netflix-Serie „Black Mirror“ und stimmen darüber online ab. Unwissentlich begehen die Beteiligten dabei einen Mord im Kollektiv, denn der virtuelle Pranger bewirkt, dass sich hunderttausend insektenähnliche Mikrodrohnen auf den Weg machen, um den Geächteten zu töten. Zu Schaden gekommen ist bei dem Vorfall, der sich [...] in der fränkischen Provinz ereignete, zwar niemand – und doch ist die Geschichte nah dran am fiktionalen Plot der „Black Mirror“-Folge: Ein Cybermob materialisierte sich im beschaulichen Altschauerberg, einem Dorf mit gerade einmal vierzig Einwohnern, um einen Youtuber namens Drachenlord „das Fürchten zu lehren“.

50 000 sogenannte Hater und Trolle kündigten ihr Kommen an. Erschienen sind dann zwar nur 800, aber immer noch genug, um ein Großaufgebot der Bundespolizei auf den Plan zu rufen, das von einem Fußballspiel in Fürth abkommandiert werden musste.

Begonnen hatte die im Internet organisierte Hatz schon vor Monaten. Anfangs war alles noch ein Spiel, selbst für den Lord, der mit bürgerlichem Namen Rainer Winkler heißt. Winkler ist sicherlich ein spezieller Fall. Der bekennende Metalfan und Legastheniker fabuliert in der Halböffentlichkeit des Internets gerne [über unangemessene Inhalte]. Immerhin 75 000 Menschen haben seinen Kanal auf Youtube abonniert. So weit, so grotesk.

Vor kurzem dann geriet der Drachenlord ins Epizentrum einer Hasskampagne, an der sich Zehntausende im Netz beteiligten. Der „Shitstorm“ flog dem Lord um die Ohren, und der ließ es sich nicht nehmen, das zu tun, wovor jeder Mobbing-Experte warnt: Er ging den Hatern auf den Leim, provozierte und beleidigte zurück. Zu allem Überfluss veröffentlichte er auch noch seine Adresse mit dem Vorschlag, den Konflikt persönlich auszutragen.

So verlagerte sich das „Drachengame“, wie es die Community nannte, aus der Virtualität in die Wirklichkeit: Täglich kamen Trolle und Hater nach Altschauerberg, es flogen Eier, Böller und Bengalos. Schließlich wurde sogar das Grab seines Vaters geschändet, die Tat wie viele andere gefilmt und im Netz tausendfach geteilt, von überdrüssigen Menschen, die sich mit so was gerne mal die Zeit vertreiben.

Wenn heute in den Medien von Hatern und Trollen die Rede ist, klingt es manchmal, als handle es sich dabei um geschützte Berufsbezeichnungen. Wer die Leute sind, die sich dieser Profession zugehörig fühlen, ist kaum bekannt. Als gesichert gilt jedenfalls, dass einige von ihnen mehrere Stunden pro Tag aufwenden, um soziale Netzwerke mit Hass und Hetze zu überfluten, insofern könnte man durchaus von einem Vollzeitjob sprechen. Und wie groß muss die Leidenschaft für diese Berufung erst sein, dass manche von ihnen Hunderte Kilometer weit in die fränkische Provinz fahren, um einen Wehrlosen mit Stinkbomben und Klingelstreichen zu terrorisieren? Das sind nicht mehr nur Störenfriede, deren oberstes Ziel darin bestünde, anderen hobbymäßig auf die Nerven zu gehen. Dahinter stecken vielmehr meist organisierte Akteure, die die Welt gerne brennen sehen wollen, und das hat mit dem wahren Troll, wie ihn die Netzkultur einmal hervorgebracht hat, nichts mehr zu tun.

[Der Troll ist ein Einzelgänger], der seit Anbeginn des Internets sein schelmisches Unwesen treibt. Schon immer hat er gerne in Chat-Rooms und Blogs gepoltert, später dann auch zunehmend in den sozialen Netzwerken. Zu Hause ist der Troll allerdings in den Welten von Videospielen [...]. Wenn Trolle in Erscheinung treten, sind oft Langeweile und Frustration im Spiel. Es gibt diese stereotypischen Spielverderber, die, wenn sie verlieren, damit beginnen, die eigenen Mitspieler zu attackieren. [...]

Leider zeigt der Troll immer öfter seine hässliche Fratze, und das hat fatale Folgen: Mit Psychoterror treibt er Menschen an den Abgrund, mit Hass und Hetze sprengt er Kommentarspalten, oft lässt er sich dabei als Vehikel für organisierte Meinungsmache ausnutzen. [Trolle lassen sich] heute gezielt dazu missbrauchen, um im ganz großen Stil Beleidigungen und Lügen im Netz zu streuen, um Menschen gegeneinander aufzuwiegeln, den gesellschaftlichen Diskurs zugunsten von meist rechtspopulistischen Parteien zu beeinflussen, Einzelpersonen zu diskreditieren, Journalisten und Politiker einzuschüchtern.

„Troll-Kampagnen und Hatespeech sind zu einer wirkmächtigen Waffe neu-rechter Bewegungen geworden, die als organisierte Minderheit eine Mehrheit im Netz behauptet und diese auch in der Lebenswelt suggeriert“, sagt die Extremismusforscherin Julia Ebner. Am Institute for Strategic Dialogue hat sie Anfang Juli eine Studie veröffentlicht, die Folgendes belegt: Bei Hasskommentaren im Netz sind fünf Prozent der Accounts für fünfzig Prozent der Inhalte und Likes verantwortlich. „Damit erhalten diese Accounts ein Monopol auf Hasskommentare und verzerren durch Manipulation der Algorithmen den politischen Diskurs“, sagt Ebner.

Die meisten dieser Hassschleudern haben selbst gar keinen politischen oder ideologischen Hintergrund, sondern vor allem große Langeweile. Viele kommen aus der Gaming-Community. Dementsprechend sehen die Plattformen, auf denen sie sich organisieren, oft wie Computerspiele aus – sie sind militärisch und hierarchisch organisiert, die Hatespeech-Söldner erhalten von Vorgesetzten Befehle und können bei guter Führung auf Beförderung hoffen. Das Ganze ist für die Akteure wie ein virtuelles Gesellschaftsspiel mit vielen unfreiwilligen Mitspielern. Für diejenigen, die aber im Verborgenen die Strippen ziehen, geht es dabei um gezielte politische Einflussnahme.

Die ISD-Studie zeigt, dass die wohl bekannteste Trollfabrik, Reconquista Germanica, bis zu 6 000 Troll-Soldaten unter ihrer Flagge versammelt – darunter nachweislich Reichsbürger, Neo-Nazis, Identitäre und AfD-Mitglieder. Die Gemengelage ist unübersichtlich und prekär. Nicht jeder Hater ist ein AfD-Mitglied. Der Cybermob, der in Altschauerberg zusammenkam, war nicht einfach ein Aufmarsch militanter Neo-Nazis. Der Troll ist seinem Wesen nach eigentlich kein Hater, Hatespeech ist für ihn heute allerdings das Mittel der Wahl, um Menschen zu einer emotionalen Reaktion zu zwingen. Die neue Generation Trolle hat großen Spaß daran, Wunden offenzulegen und mit diebischer Freude dabei zuzusehen, wie andere ihren Finger dort hineinlegen. [...] Doch leider landen die Provokateure am Ende oft bei denen, die vorgeben, für alle Probleme ganz einfache Lösungen zu haben.

Quelle: Benedikt Mahler: Aggressive Cybertrolle – Hass aus dem Internet wird real, FAZ.net vom 05. 09. 2018, https://www.faz.net/aktuell/feuilleton/medien/aggressive-cybertrolle-beim-drachenlord-rainer-winkler-15766883.html#void, zu Prüfungszwecken gekürzt und bearbeitet
© Alle Rechte vorbehalten. Frankfurter Allgemeine Zeitung GmbH, Frankfurt. Zur Verfügung gestellt vom Frankfurter Allgemeine Archiv.

M 1

Quelle: © STERO/Stefan Roth roth-cartoons.de

M 2

NO HATE

NO HATE SPEECH MOVEMENT

Gegen Hass im Netz

Das No Hate Speech Movement wurde 2012 vom Europarat ins Leben gerufen und startete zunächst als Jugendkampagne mit dem Ziel, junge Menschen zu mobilisieren, sich gegen Hass im Netz einzusetzen sowie die Menschenrechte im Internet zu fördern.

Zusätzlich sollte die breite Öffentlichkeit weiter für das Thema sensibilisiert werden. Das Ziel war, der gesellschaftlichen Akzeptanz vor Hass im Netz entgegenzutreten. Jugendliche sollten durch das Projekt ihre Medienkompetenz stärken und Strategien und Kompetenzen entwickeln, die ihnen dabei helfen, mit Cyber-Mobbing und Hass im Netz umzugehen und sich aktiv dagegen einzusetzen.

Quelle: No Hate Speech Movement, https://no-hate-speech.de/de/netzwerk/; Logo: Council of Europe

M3

Quelle: © Landesanstalt für Kommunikation Baden-Württemberg (LFK)

Arbeitsaufträge zu Text 1 Punkte

1. Der Autor verfolgt mit seinem Text eine gewissen Absicht, entsprechend hat er die Textsorte ausgewählt.
   a) Bestimmen Sie die Textsorte und nennen Sie ein typisches Merkmal. 1 P
   b) Stellen Sie die Absicht des Autors kurz dar und zeigen Sie diese mithilfe von zwei Textbelegen auf. 2 P

2. Im Text werden viele sprachliche Bilder verwendet.
   a) Schreiben Sie zwei Beispiele aus dem Text heraus. 1 P
   b) Erläutern Sie die Funktion der sprachlichen Bilder im Text. 1 P

3. Erklären Sie die Bedeutung der unterstrichenen Ausdrücke in den folgenden beiden Sätzen mit eigenen Worten.
   a) „Ein <u>Cybermob materialisierte</u> sich im beschaulichen Altschauerberg" (Z. 10) 1 P
   b) „Vor kurzem dann geriet der Drachenlord ins <u>Epizentrum einer Hasskampagne</u>" (Z. 21) 1 P

4. Der Text gibt konkrete Hinweise darauf, wer Trolle und Hater sind.
   Zitieren Sie zwei Textabschnitte, die dies verdeutlichen. Achten Sie auf eine korrekte Zitierweise. 3 P

5. Fassen Sie den Text in Form einer knappen Inhaltsangabe zusammen. 4 P

6. a) Beschreiben Sie detailliert die Karikatur **M 1** und interpretieren Sie diese. 3 P
   b) Schreiben Sie einen inneren Monolog, der die Gedanken und Gefühle des Hasen widerspiegelt, nachdem er die Kommentare gelesen hat. Formulieren Sie drei Gedankengänge.
   Schreiben Sie einen zusammenhängenden Text. 3 P

7. Jeder ist aufgerufen, bei „Hate Speech" (dt. Hassrede, Hetze) im Internet einzugreifen und sich dagegen einzusetzen.
   Erörtern Sie kritisch, welche Möglichkeiten Jugendliche haben, sich gegen Hetze zu engagieren, und beleuchten Sie hierbei sowohl Einzelfälle in den sozialen Medien als auch größere Aktionen wie das „No Hate Speech Movement" (**M 2**). Zeigen Sie andererseits auch die Grenzen des Engagements auf und kommen Sie schließlich zu einer eigenen Position. Sie können bei der Erarbeitung auf Informationen aus **M 3** zurückgreifen.
   Erstellen Sie vorab eine strukturierte Gliederung zum Thema.
   Achten Sie auf einen grammatisch und rechtschriftlich korrekten Text. (Umfang ca. 600 Wörter/3 Seiten bei mittlerer Schriftgröße) 22 P

8. Die Regionalgruppe des „No Hate Speech Movement“ führt in Schulen kleine Theaterstücke auf. Hier sollen die Schüler*innen erkennen, dass Betroffene im echten Leben darunter leiden.

   Schreiben Sie einen Dialog, in dem eine betroffene Jugendliche mit einem Freund oder einer Freundin darüber spricht, was sie erlebt hat und wie der Freund oder die Freundin helfen könnte.

   Nutzen Sie dabei wörtliche Rede und angemessene sprachliche und stilistische Mittel.

   Achten Sie auf einen grammatisch und rechtschriftlich korrekten Text. (Umfang ca. 200 Wörter/1 Seite bei mittlerer Schriftgröße) 8 P

50 P

Text 2

Die Schlittenfahrt

Solange Nora denken konnte, waren die Familien aus dem Dorf zu Silvester mit dem Schlitten zu den Almhütten hinaufgefahren. Zur Feier des neuen Jahres striegelte und schmückte man die Pferde, und an den Schlitten wurden in der Dunkelheit Schellen und brennende Fackeln befestigt. In manchen Jahren fuhr eine Schneewalze voraus, damit die Pferde nicht im losen Schnee auf der Stelle traten, aber hinauf in die Berge ging es am Silvesterabend immer, und nicht auf Skiern oder mit dem Schneemobil, sondern mit Pferd und Schlitten. Die Weihnachtszeit hatte auch so ihren Zauber, aber die Schlittenfahrt zur Hütte in den Bergen war erst das wahre Wintermärchen.

Zu Silvester war alles anders. Zwischen Kindern und Erwachsenen ging es drunter und drüber, denn für diesen einen Tag im Jahr traten die gewohnten Familienregeln außer Kraft. Am Abend ging das alte Jahr ins neue über. Man überschritt eine unsichtbare Grenze zwischen dem, was gewesen war, und dem, was kommen würde. *Ein glückliches neues Jahr! – Und vielen Dank für das alte!*

Nora liebte den Silvesterabend und konnte sich nie entscheiden, was ihr besser gefiel: auf dem Weg hinauf zu sein, um den letzten Rest des alten Jahres zu feiern, oder, gut eingepackt in eine Wolldecke und im warmen Arm von Mama, Papa oder irgendjemandem aus dem Dorf, auf dem Weg hinunter, ins neue.

Doch zu Silvester des Jahres, in dem Nora zehn geworden war, war weder oben in den Bergen noch unten im Tiefland Schnee gefallen. Der Frost hatte sich längst in der Landschaft festgebissen, aber von ein paar Flecken hier und da abgesehen gab es keinen Schnee. Sogar die mächtige Schlucht lag schändlich nackt unter dem offenen Himmel und war ihres weißen Wintermantels beraubt.

Die Erwachsenen murmelten etwas von „globaler Erwärmung“ und „Klimawandel“, und Nora prägte sich die für sie neuen Wörter ein. Zum ersten Mal in ihrem Leben ahnte sie, dass auf der Welt vielleicht nicht alles so war, wie es sein sollte.

Aber zu Silvester wollten sie trotzdem hinauf in die Berge, dann eben mit Treckern. Noch dazu musste der traditionelle Besuch auf der Hütte in diesem Jahr tagsüber stattfinden, denn ohne Schnee auf der Hochebene würde der Silvesterabend so dunkel, dass man die Hand nicht vor den Augen sah. Auch Fackeln würden da nicht viel helfen, ganz zu schweigen davon, dass Fackeln an einem Trecker oder Anhänger albern ausgesehen hätten.

Schon früh am Tag bewegten sich deshalb fünf Trecker mit Anhängern den Weg über die mit Birken bestandenen Hänge hinauf, und alle, die mitfuhren, hatten zu essen und zu trinken dabei. Schnee hin oder her – ein Prosit aufs neue Jahr und ein paar Spiele auf der gefrorenen Alm, dazu würde es ja wohl noch reichen.

Freilich wurde in diesem Jahr nicht nur über den fehlenden Schnee gesprochen. An den Tagen nach Weihnachten waren zweimal wilde Rentiere nahe bei den Höfen gesichtet worden, und obwohl alle scherzten, dass sie vielleicht der Weihnachtsmann nach der Bescherung am Heiligen Abend vergessen hatte, war Nora nicht entgangen, dass die Sache mit den Rentieren unheimlich und bedrohlich war. Nie zuvor waren wilde Rentiere in die Dörfer gekommen. Auf einem Hof hatten sie eins der verängstigten Tiere zu füttern versucht, und die Zeitungen hatten Bilder davon gebracht: „Wilde Rentiere fallen in die Dörfer ein …“

Am letzten Tag des Jahres war also ein ganzer Zug Trecker auf dem Weg hinauf in die Berge, und gleich auf dem ersten Anhänger saß Nora mit einer Handvoll anderer Kinder. Je höher sie kamen, desto gläserner wirkte die gefrorene Landschaft, also musste es unmittelbar vor dem Frosteinbruch geregnet haben, und die Kälte hatte alles erstarren lassen.

Als jemand am Wegrand einen Tierkadaver entdeckte, hielten die Trecker an. Das tote Tier war ein Rentier, starr vor Frost, und einer der Männer erklärte, es sei aus Mangel an Futter verendet.

Nora hatte das erst nicht ganz verstanden, aber wenig später erreichten sie die Hochebene, und sie sah, dass auch hier alles gefroren war. Kein Steinchen und kein noch so kleines Pflänzchen hätte sich aus dem harten Griff des Frosts herausbrechen lassen.

Beim See, dem Breavatnet, hielten die Trecker wieder an, und diesmal schalteten die Fahrer die Motoren aus. Es hieß, das Eis sei sicher, und Erwachsene und Kinder liefen freudig auf den See. Das Eis war glasklar, und der Jubel war groß, als sie entdeckten, dass man unter dem Eis Forellen schwimmen sah.

Bälle, Hockeyschläger und Rodelbretter wurden aufs Eis gebracht, aber Nora zog es vor, allein am Ufer entlangzugehen. Sie betrachtete das gefrorene Heidekraut und sah unter einer dünnen Eisschicht Moos und Flechten, Brombeeren und rote Krähenbeeren mit feuerroten Blättern. Es sah schön aus, fast so, als hätte man eine edlere, feinere Welt betreten. Doch dann fiel Noras Blick auf eine tote Maus … und dort lag noch eine. Und unter einer Zwergbirke lag ein toter Lemming. Nora wusste, was das bedeutete, und die märchenhafte Stimmung, die sie eben noch verspürt hatte, war verflogen. Sie wusste, dass Mäuse und Lemminge den Winter unter weichen Schneedecken zwischen Sträuchern und Gestrüpp verbrachten. Und wenn es keine weichen Schneedecken gab … dann wurde das Überleben für Mäuse und Lemminge schwer.

Nun wusste Nora auch, warum die wilden Rentiere ins Tiefland hinabzogen. Mit dem Weihnachtsmann hatte das nichts zu tun.

Quelle: Jostein Gaarder: 2084 - Noras Welt, Carl Hanser Verlag, München, 2013, S. 7–10.

M4

Quelle: René Bocksch: Zahl der gefährdeten Tiere steigt, Statista vom 17. 09. 2021, CC BY-ND 4.0, https://de.statista.com/infografik/5972/anzahl-gefaehrdeter-tierarten/

M5

Schnee von gestern: Abschied vom weißen Winter

Leise nieselt's, kein Schnee: Es ist wärmer geworden in Bayern – und das vor allem im Winter und besonders in den Bergen. Schon jetzt gibt es messbar weniger Schnee. Die Niederschläge nehmen zwar im Winter eher zu, aber höhere Temperaturen lassen es häufiger nieseln als rieseln.

Ohne künstliche Beschneiung galten schon 2007 nur noch etwa siebzig Prozent der Skigebiete in den bayerischen Alpen als schneesicher. 2013 waren es nur noch etwa fünfzig Prozent. Mit Hilfe von Kunstschnee sind Anfang der 2020er-Jahre jedoch noch alle bayerischen Skigebiete schneesicher. Aber wohl nicht langfristig, je nachdem, wie schnell die Temperaturen steigen. Denn nicht nur für Schneefall, auch für Kunstschnee müssen die Temperaturen tief genug sein.

Quelle: Schnee von gestern - Abschied vom weißen Winter, BR vom 03. 09. 2021, https://www.br.de/klimawandel/schnee-schneehoehen-berge-alpen-klimawandel-100.html

M 6

Warum sind Schneekanonen schlecht für die Umwelt?

- Kunstschnee verändert Bodenchemie
- Übermäßiges Schmelzwasser
- Hoher Wasserverbrauch
  (Pro Hektar Kunstschnee braucht man in einer Saison mehr als 4 700 000 Liter Wasser.)
- Hoher Stromverbrauch
  (Die alpinen Schneekanonen verbrauchen pro Jahr etwa so viel Energie wie 130 000 4-Personen-Haushalte.)

Quelle: So schlecht sind Schneekanonen für die Umwelt, Quarks vom 21. 03. 2019, https://www.quarks.de/umwelt/so-schlecht-sind-schneekanonen-fuer-die-umwelt/

Arbeitsaufträge zu Text 2 Punkte

1. Die Überschrift heißt „Die Schlittenfahrt“. Stellen Sie dar, warum der Titel gut passt, obwohl die Protagonistin in der Erzählung nicht Schlitten fährt. 2 P

2. Die Erzählung ist mit vielen Stilmitteln gestaltet.
   a) In den Zeilen 17–21 findet sich das Stilmittel der Personifikation. Erläutern Sie dessen Funktion im Text. 1 P
   b) Benennen Sie zwei weitere verwendete Stilmittel und belegen Sie diese jeweils durch ein Beispiel aus dem Text. 2 P

3. Schon vor Antritt der Fahrt merkt Nora, dass etwas vielleicht nicht so ist, wie es sein sollte.
   Zitieren Sie eine Stelle aus dem Text, aus der dies hervorgeht. Achten Sie auf eine korrekte Zitierweise. 1 P

4. Verfassen Sie einen möglichen inneren Monolog, der in Nora vorgeht, als sie nach ihrem Spaziergang, bei dem sie die toten Tiere gesehen hat, am Seeufer sitzt. Formulieren Sie drei Gedankengänge. 4 P

5. **Wahlaufgabe** 4 P
   Der Romanauszug kann unterschiedlich interpretiert werden. Wählen Sie zur Bearbeitung **entweder** A) **oder** B):
   A) Deutungssatz: Im Winter, in dem Nora 10 Jahre alt ist, endet Noras unbeschwerte Kindheit.
   Begründen Sie diese Deutung ausführlich und belegen Sie sie mit zwei passenden Textstellen.

   oder:

   B) Formulieren Sie einen eigenen Deutungssatz.
   Begründen Sie Ihre eigene Darstellung ausführlich und belegen Sie diese mit einer passenden Textstelle.

6. Fassen Sie den Text in Form einer knappen Inhaltsangabe zusammen. 4 P

7. Die Abbildung **M 4** zeigt die Zahl der vom Aussterben bedrohten Tierarten in den letzten Jahren.
   Geben Sie auf der Grundlage einer Grafikauswertung eine begründete Einschätzung zu den zukünftigen Überlebenschancen der Tiere aus der Erzählung. 2 P

8. Skifahren und Snowboarden ist eine beliebte Freizeit- und Urlaubsaktivität: Mehr als 14 Millionen Deutsche geben an, dass sie zumindest gelegentlich Wintersport betreiben. Der Deutsche Skiverband gehört mit über einer halben Million Mitgliedern zu den größten Sportverbänden des Landes.

Erörtern Sie kritisch Vor- und Nachteile eines Skiurlaubs. Sie können dabei auf Informationen aus den Quellen **M 5** und **M 6** zurückgreifen. Legen Sie Ihre eigene Position dar.

Erstellen Sie vorab eine strukturierte Gliederung zum Thema.

Achten Sie auf einen grammatisch und rechtschriftlich korrekten Text. (Umfang ca. 600 Wörter/3 Seiten bei mittlerer Schriftgröße) 22 P

9. Eine Jugendorganisation ruft zu einem Schreibwettbewerb unter dem Motto „Kinder fürs Klima“ auf. Verfassen Sie einen Text als Wettbewerbsbeitrag, in dem Sie alle Leser*innen aufrufen, ihren Alltag klimaverträglicher zu gestalten.

   Setzen Sie dabei angemessene sprachliche und stilistische Mittel ein.

   Achten Sie auf einen grammatisch und rechtschriftlich korrekten Text. (Umfang ca. 200 Wörter/ ca. 1 Seite bei mittlerer Schriftgröße) 8 P

50 P

Lösungsvorschläge zu Text 1

1. a) **Hinweis:** *Du erkennst die Textsorte an den typischen Merkmalen. Beim Lesen sind dir bestimmt schon Merkmale aufgefallen, beispielsweise die objektiven Berichterstattung über ein bestimmtes Thema. Wähle ein Merkmal exemplarisch aus.*

Mögliche Lösungen:

- Bei dem Text „Aggressive Cybertrolle – Hass aus dem Internet wird real" handelt es sich um eine Reportage, die in einem Onlinemagazin veröffentlicht wurde. Ein typisches Merkmal ist die informierende und sachliche Schreibweise.
- Bei dem Text „Aggressive Cybertrolle – Hass aus dem Internet wird real" handelt es sich um eine Reportage, die in einem Onlinemagazin veröffentlicht wurde. Reportagen basieren auf umfassenden Recherchen der Autor*innen. Belege hierfür sind Zitate oder Interviews von und mit Expert*innen.
- Bei dem Text „Aggressive Cybertrolle – Hass aus dem Internet wird real" handelt es sich um eine Reportage, die in einem Onlinemagazin veröffentlicht wurde. In Reportagen fließen auch persönliche Beobachtungen und Eindrücke der Autor*innen mit ein.

b) **Hinweis:** *Wenn nach der Absicht des Autors gefragt wird, kannst du überlegen, welche Wirkung der Text auf dich hat. Macht er dich nachdenklich, betroffen, erschrocken oder beruhigt er dich? Meistens kannst du daraus dann die Textabsicht ableiten. Um passende Textstellen zu finden, lies den Text noch einmal und überlege, an welcher Stelle die Absicht besonders deutlich wird.*

Herr Mahler möchte mit seinem Text über die weitreichenden Folgen von Hass und Hetze im Internet informieren und verdeutlichen, dass diese auch schwerwiegende Auswirkungen auf das reale Leben haben. Das wird in den folgenden Textpassagen deutlich:

- „Internet-Trollen ging es früher nur um alberne Streiche. Heute schrecken sie vor nichts mehr zurück – erst kürzlich wurde ein Grab geschändet." (Z. 1/2)
- „So verlagerte sich das ‚Drachengame', wie es die Community nannte, aus der Virtualität in die Wirklichkeit: Täglich kamen Trolle und Hater nach Altschauerberg, es flogen Eier, Böller und Bengalos." (Z. 26–28)

2. a) **Hinweis:** *Sprachliche Bilder sind Stilmittel, die etwas nicht wortwörtlich, sondern im übertragenen Sinn ausdrücken. Man unterscheidet Personifikationen (Dinge werden mit menschlichen Eigenschaften belegt), Vergleiche und Metaphern (bildhafter Vergleich). Lies den Text noch einmal genau durch und markiere die sprachlichen Bilder. Schreibe dann zwei Beispiele auf. Zeilenangaben sind hier nicht unbedingt notwendig. Sie helfen dir aber beim späteren Kontrollieren deiner Lösungen.*

Mögliche Beispiele:

- „Ein Cybermob materialisierte sich" (Z. 10)
- „Der ‚Shitstorm' flog dem Lord um die Ohren" (Z. 22)
- „Er ging den Hatern auf den Leim" (Z. 23)

- „in Erscheinung treten“ (Z. 45)
- „lässt er sich dabei als Vehikel […] ausnutzen“ (Z. 50)
- „wie ein virtuelles Gesellschaftsspiel“ (Z. 67)
- „die Strippen ziehen“ (Z. 68)

b) **Hinweis:** *Alle Stilmittel haben eine Funktion, die sie je nach Textart entfalten. Sprachliche Bilder vereinfachen das Verständnis und beschreiben genauer, was passiert, um einen möglichst lebendigen Eindruck zu vermitteln. Durch sie können die Leser*innen besonders gut in die Texte eintauchen.*

Durch die sprachlichen Bilder wird der Text anschaulicher und spannender. Die Leser*innen werden in die Reportage eingebunden und haben das Gefühl, selbst mit vor Ort zu sein. Dadurch werden sie besonders angesprochen und zu einer intensiven Auseinandersetzung mit dem Text aufgefordert.

3. **Hinweis:** *Hier werden Begriffe aus anderen Bereichen wie den Geowissenschaften benutzt. Um sie zu verstehen, kannst du ein Wörterbuch benutzen oder überlegen, welche Bedeutung sie ursprünglich haben. Erkläre die Ausdrücke allgemeingültig oder im Zusammenhang mit dem Text. Veranschaulichen kannst du deine Ausführungen auch mit selbst gewählten Beispielen.*

a) Ein Mob ist eine Ansammlung von Menschen, die meist in einer aggressiven Stimmung sind. Ein Cybermob ist ein virtueller Mob. „Materialisieren“ bedeutet ursprünglich, dass etwas eine Körperform annimmt. Im Textzusammenhang bedeutet der Ausdruck, dass der Mob, der sich bisher nur virtuell gebildet hatte, sich nun tatsächlich in Altschauerberg versammelt.

b) Ein Epizentrum ist ursprünglich der Ausgangspunkt eines Erdbebens. Eine Kampagne ist eine gemeinschaftliche Aktion für oder gegen jemanden. Der Drachenlord wurde also Ziel und Mittelpunkt von Hass, der durch viele Menschen gegen ihn gerichtet wurde.

4. **Hinweis:** *Im Text gibt es mehrere Stellen, die zur Beantwortung herangezogen werden können. Immer, wenn genauer darauf eingegangen wird, wer hinter den Trollen und Hatern steckt, liefert der Text die gesuchten Informationen. Wähle zwei passende Textstellen aus. Achte auf die korrekte Zitierweise mit Anführungszeichen, Zeilenangaben und ggf. Auslassungszeichen.*

Mögliche Textstellen:

- „Als gesichert gilt jedenfalls, dass einige von ihnen mehrere Stunden pro Tag aufwenden, um soziale Netzwerke mit Hass und Hetze zu überfluten […].“ (Z. 33/34)
- „Dahinter stecken vielmehr meist organisierte Akteure, die die Welt gerne brennen sehen wollen […].“ (Z. 39/40)
- „[Der Troll ist ein Einzelgänger], der seit Anbeginn des Internets sein schelmisches Unwesen treibt.“ (Z. 42)

- „Schon immer hat er gerne in Chat-Rooms und Blogs gepoltert, später dann auch zunehmend in den sozialen Netzwerken." (Z. 43/44)
- „Mit Psychoterror treibt er Menschen an den Abgrund, mit Hass und Hetze sprengt er Kommentarspalten, oft lässt er sich dabei als Vehikel für organisierte Meinungsmache ausnutzen." (Z. 48–50)
- „[Trolle lassen sich] heute gezielt dazu missbrauchen, um im ganz großen Stil Beleidigungen und Lügen im Netz zu streuen, um Menschen gegeneinander aufzuwiegeln, den gesellschaftlichen Diskurs zugunsten von meist rechtspopulistischen Parteien zu beeinflussen, Einzelpersonen zu diskreditieren, Journalisten und Politiker einzuschüchtern." (Z. 50–54)
- „Die meisten dieser Hassschleudern haben selbst gar keinen politischen oder ideologischen Hintergrund, sondern vor allem große Langeweile. Viele kommen aus der Gaming-Community." (Z. 62/63)

5. **Hinweis:** *Erwartet wird eine klassische Inhaltsangabe. Beginne diese immer mit einem Basissatz, in dem du Titel, Autor*in und Textart nennst. Fasse in einem weiteren Satz die Kernaussage des Textes zusammen. Für den Hauptteil ist es sinnvoll, den Text in Sinnabschnitte zu unterteilen. Markiere dafür Schlüsselbegriffe im Text. Jeden Sinnabschnitt fasst du dann mit wenigen Sätzen zusammen. Achte darauf, dass eine zusammenhängende Zusammenfassung entsteht. Formuliere deine Sätze mit eigenen Worten. Schreibe im Präsens.*

Die Reportage „Aggressive Cybertrolle – Hass aus dem Internet wird real" hat Benedikt Mahler in einer Onlineversion der FAZ veröffentlicht. Er beschreibt darin, wie aus Schabernack und Streichen im Internet bittere Realität werden kann.

Die Geschehnisse um Rainer Winkler, besser bekannt als Drachenlord, erinnern an die Serie „Black Mirror", in der sich im Internet formierter Terror in Form von Mikrodrohnen zu echter Gefahr entwickelte. Winkler betreibt einen Youtube-Kanal, auf dem er seine Meinung über unangemessene Inhalte preisgibt und damit polarisiert. Der massive Hass seiner Gegenredner*innen reizte ihn so, dass er zurückschoss und schließlich seine Privatadresse veröffentlichte. Daraufhin kamen Hunderte Hater an seinen Wohnort, bewarfen sein Haus mit Lebensmitteln und Feuerwerkskörpern und schändeten das Grab seines Vaters.

Dabei ist unklar, wer Hater und Trolle wirklich sind. Ursprünglich waren es Einzelgänger, die zum Zeitvertreib ihren Frust in den sozialen Medien abließen. Dass es inzwischen aber immer mehr Menschen gibt, die viel Zeit und Motivation haben, um ihren Hass in die Realität zu verlagern und sogar weite Reisen auf sich zu nehmen, erhärtet den Verdacht, dass es sich um organisierte Gruppen handelt, deren Ziel Unruhe und Unfrieden bis hin zu Psychoterror ist. Sie beeinflussen nicht nur das Leben einzelner Personen, sondern in erheblichem Maße auch die öffentliche Meinungsbildung, meist in rechtspopulistischer Richtung. Online-Hetze ist inzwischen ein einflussreiches Mittel neu-rechter Bewegungen, für das diese meist Personen ohne eigene politische Meinung einspannen, die einfach nur Freude an der Provokation haben. Deren wenige Accounts fluten die Kommentarspalten derart, dass die Hälfte aller Hass-Posts auf ihr Konto gehen und der veränderte Algorithmus sich schließlich auf den politischen Diskurs auswirkt.

6. a) **Hinweis:** *Bei dieser Aufgabe musst du zunächst einmal genau beschreiben, was du auf dem Bild siehst. Formuliere dann die Aussage der Karikatur. Bedenke, dass eine Karikatur ein ähnliches Stilmittel wie Ironie ist. Es soll eine Botschaft indirekt übermittelt werden.*

   Die Karikatur zeigt eine eingezäunte Wiese, die mit einem Schild als „Facebook Community – Betreten auf eigene Gefahr" gekennzeichnet ist. In dem Kreis aus Zäunen sitzt ein Hase und tippt in sein Handy: „Hey Leute, wie wirt das Wetter morgen?" Über ihm sind fünf Wölfe mit gefletschten Zählen abgebildet, die den Hasen angreifen. Ihnen wurden Sprechblasen mit verschiedenen Äußerungen zugeordnet, die Beleidigungen, Zurechtweisungen (z. B. wegen des Rechtschreibfehlers) und Verschwörungsmythen enthalten. Hier wird die Situation in Chaträumen und Kommentarspalten überspitzt aufgezeigt. Auf eine harmlose Frage hin springt angriffslustig eine Vielzahl an Usern herbei und überzieht den Fragenden mit Hetze. Die Warnung auf dem Schild kann ernst genommen werden – es scheint, als gelten im Netz keine Gesetze, oder sie werden zumindest selten durchgesetzt. Wer sich für die Nutzung von Social Media entscheidet, muss also die Gefahr von Hass und Hetze kennen und aushalten.

   b) **Hinweis:** *Ein innerer Monolog ist ein gedankliches Selbstgespräch. Versetze dich in die Position des Hasen. Welche Gefühle und Gedanken hat er wohl, nachdem er die Antwort-Kommentare gelesen hat? Schreibe sie in der Reihenfolge auf, in der sie dir einfallen. Denke daran, dass du in die Rolle des Hasen schlüpfen und aus seiner Sicht in der Ich-Form schreiben musst. Damit dein Monolog möglichst anschaulich wird, kannst du umgangssprachliche Ausdrücke, unvollständige Sätze, Ausrufe oder Fragen an dich selbst einsetzen. Schreibe im Präsens.*

   Um Himmels Willen, was ist denn jetzt los? Wo ist mein Hasenbau, in dem ich mich verstecken kann? Sind denn heute alle angriffslustig? Oder bin ich vielleicht wirklich zu dumm? Natürlich hätte ich die Wetter-App nutzen können. Es war wahrscheinlich wirklich dumm von mir, auf Facebook nach dem Wetter zu fragen. Ich wollte eigentlich nur eine schnelle Antwort und dachte, jemand hat wahrscheinlich schon nachgesehen und wir kämen dann gleich noch ins Gespräch. Dafür sollte Social Media doch da sein, zum Kontakteknüpfen und um sich nett auszutauschen. Aber dafür ist es jetzt wohl zu spät. Oje, das war eine dumme Idee. Wie komme ich da jetzt nur wieder raus? Am besten erst mal das Handy ausschalten.

7. **Hinweis:** *Gefordert wird eine dialektische Erörterung, also eine Erörterung, die Pro- und Kontra-Argumente abwägt. Du sollst auf Möglichkeiten und Grenzen beim Einsatz gegen Hetze eingehen. Beginne mit einer Stoffsammlung, z. B. in einer Mindmap. Welche Formen der Hetze gibt es? Was kann man dagegen tun? Wo kann man als Jugendliche*r (allein) nichts ausrichten? Schreibe alles auf, was dir dazu einfällt. Ordne deine Notizen anschließend und erstelle eine strukturierte Gliederung. Danach schreibst du deine Erörterung. Beginne sie mit einer Einleitung. Diese muss das Thema des Textes enthalten, darf aber noch kein Argument vorwegnehmen. Anschließend schreibst du den Hauptteil, in dem du deine Argumente sachlich ausführst. Beginne deinen Text mit dem schwächsten und beende ihn mit dem stärksten*

Argument. Achte darauf, dass jedes Argument eine Behauptung, eine Begründung und ein Beispiel enthält. Beende den Text mit einer klaren Positionierung: Überwiegen die Möglichkeiten oder die Grenzen? Begründe deine Meinung. Äußerlich sollte der Text mithilfe von Absätzen gegliedert sein. Achte auf eine korrekte Orthografie, die Zeichensetzung und eine treffende Wortwahl. Benutze zudem Fachausdrücke und wechsle deine Satzmuster und Satzanfänge ab.

Gliederung und Lösungsbeispiel

Einleitung

Hinführung und Themenfrage: Hetze im Netz nimmt immer größere Ausmaße an und verlagert sich auch ins reale Leben. Welche Möglichkeiten zum Engagement gegen Hetze haben Jugendliche und wo stoßen sie an Grenzen?

Hauptteil

1. Grenzen
   1.1 Überforderung im Umgang mit Verschwörungsgläubigen
   1.2 Angriffe gegen die eigene Person
2. Möglichkeiten
   2.1 technische Möglichkeiten nutzen
   2.2 stetiges persönliches Positionieren

Schluss

Stellungnahme: Jedes Wort zählt.

Einleitung
Hetze im Netz verlagert sich ins reale Leben

Der Fall vom Drachenlord hat fast ganz Deutschland erschüttert. Ein Mann, der die Folgen der Veröffentlichung seiner privaten Adresse nicht abschätzen konnte, wird im echten Leben terrorisiert. Angefangen hat alles im Netz, in dem sich Trolle und Hater einen Spaß daraus machen, Menschen zu beleidigen oder gar zu schikanieren. Für Jugendliche ein Grund, sich zu engagieren und Hetze im Internet den Kampf anzusagen. Doch welche Möglichkeiten haben sie dabei und wo stoßen sie an Grenzen?

Hauptteil
Grenze 1: Überforderung im Umgang mit Verschwörungsgläubigen

Selbst bei vermeintlich unverfänglichen Themen wie dem Wetter oder Zahnpasta kann in den sozialen Medien Hassrede vorkommen. Verschwörungsgläubige nutzen diese nämlich, um ihre Mythen zu verbreiten, und das meist auf eine aggressive Art. Sie glauben beispielsweise, dass Kondensstreifen am Himmel sogenannte „Chemtrails" sind. Laut ihnen sind das Chemikalien, die Flugzeuge gezielt versprühen, um das Klima zu beeinflussen und uns zu vergiften. Selbst wenn man diesen Behauptungen sachlich begegnet und sie mit wissenschaftlichen Fakten widerlegt, beharren Verschwörungsgläubige in der Regel auf ihrem Standpunkt. Statt einfacher Antworten kommen Hasstiraden und wüste Herleitungen zurück. In solchen Situationen kann man als Jugendliche*r schnell überfordert sein und mit dem Einsatz gegen Hetze an seine Grenzen stoßen.

Grenze 2: Angriff gegen die eigene Person

Auch wenn die eigene Person zum Ziel der „Hate Speech" wird, ist eine Grenze des eigenen Engagements erreicht. Meine beste Freundin setzt sich beispielsweise für Geflüchtete ein und hat bei einem Sachspendenaufruf auf Social Media ein paar Hasskommentare erhalten, die sie sehr getroffen haben. Einer der Antwortenden hat sie sogar privat angeschrieben und gedroht, dass er ihre Adresse herausfindet und ihr dann im realen Leben zeigt, was er von ihrem Engagement hält. Angegriffen, beleidigt und sogar bedroht, trauen sich die meisten verständlicherweise nicht mehr, allein und öffentlich gegen die Hetze anzugehen. In solchen Situationen ist es wichtig, sich Hilfe zu suchen, z. B. bei Freund*innen oder Organisationen wie dem „No Hate Speech Movement", und die Hater anzuzeigen.

Möglichkeit 1: technische Möglichkeiten nutzen

Um Hass und Hetze im Internet zu begegnen, gibt es die Möglichkeit, Kommentare und Personen bei den Betreiber*innen der jeweiligen Plattform zu melden und die Hetzenden zu blockieren. Das funktioniert schnell und einfach und bietet allen Nutzer*innen die Chance, sich zu engagieren. Zudem kann man wichtige Beweise sammeln, indem man Screenshots der problematischen Inhalte macht. Diese kann man bei einer Anzeige nutzen. Als die oben genannte Freundin mir beispielsweise von den Hassnachrichten erzählt hat, haben wir diese zusammen gesichert und bei der Polizei vorgelegt. Das häufige Ausnutzen dieser technischen Möglichkeiten führt hoffentlich dazu, dass Hatern und Trollen der Wind aus den Segeln genommen wird und wieder ein konstruktiver und friedvoller Austausch auf den verschiedenen Social-Media-Plattformen stattfinden kann.

Möglichkeit 2: stetiges persönliches Positionieren

Eine weitere Möglichkeit, sich als Jugendliche*r gegen Hass und Hetze zu engagieren, ist, nicht müde zu werden, auf diese hinzuweisen. Wann immer wir an einer Diskussion teilnehmen, ist es wichtig, andere Teilnehmer*innen an die Netiquette zu erinnern und für einen angemessenen Ton und Stil einzustehen. Zudem können wir den Betroffenen beistehen. Neben dem Positionieren im Netz können wir alle auch im echten Leben aktiv werden und mit Aktionen auf das Problem aufmerksam machen. Wichtig ist, dass Gesetze, die im echten Leben gelten, auch im Internet umgesetzt und verfolgt werden. Dafür muss man die Gesellschaft sensibel machen, indem man öffentliche Kampagnen plant und damit informiert. Hierfür kann man sich beispielsweise im Rahmen des „No Hate Speech Movements" engagieren. Außerdem kann man im Freundes- und Bekanntenkreis über das Thema sprechen. So zeigt man, dass Hass und Diskriminierung nicht in Ordnung sind – weder im echten Leben, noch in der anonymeren Welt des Internet, und weist Hatern Grenzen auf.

Schluss
Stellungnahme: Jedes Wort zählt.

Abschließend kann man zusammenfassen, dass es immer wieder Situationen geben wird, in denen man sich allein ohnmächtig gegenüber Hatern fühlt. Dieses Gefühl müssen wir abstreifen, uns mit anderen zusammenschließen und mutig gegen jede Form von Hass und Hetze einstehen – egal ob in einer Diskussion in den sozialen Medien oder bei einer größeren, öffentlichkeitswirksamen Aktion mit anderen Engagierten. Es hilft jedes Wort.

(636 Wörter)

8. **Hinweis:** *Die Aufgabe erfordert einen Dialog. Überlege dir zwei Gesprächspartner*innen und eine Form der Darstellung, damit klar ist, wer wann spricht. Lasse einen Teilnehmenden von einer Erfahrung mit Hetze im Netz berichten und achte darauf, dass er oder sie mit einem Freund oder einer Freundin spricht. Das Gegenüber sollte also freundlich und verständnisvoll reagieren und versuchen zu helfen. Du kannst umgangssprachliche Ausdrücke verwenden. Nutze die wörtliche Rede und achte dabei auf eine korrekte Zeichensetzung.*

JULE: „Hallo Emmi, hast du Lust, mit in den Park zu kommen? Zur Skateboardrampe beim Kiosk?“

EMMI: „Nein, heute nicht. Vielleicht das nächste Mal.“

JULE: „Aber warum denn nicht? Du liebst Skateboardfahren doch! Was ist denn mit dir los? Du bist den ganzen Tag schon so still und schaust dauernd über deine Schulter?“

EMMI: „Ähm, hast du es denn nicht mitbekommen?“

JULE: „Nein, was denn?“

EMMI: „Wir hatten doch gestern die Hausaufgabe in Deutsch auf. Ich wusste nicht, wie ich das machen soll, und hab in einer Chatgruppe gefragt, wie die Aufgabe zu lösen ist.“

JULE: „Ja und? Das war doch gut. Statt am nächsten Tag ohne Hausaufgabe in die Schule zu kommen, ist um Hilfe bitten doch clever.“

EMMI: „Denkst du! Ich bin schrecklich beschimpft worden, ob ich zu dumm wäre und ob die Schule wirklich ein guter Ort für mich sei. Ich schäme mich unendlich dafür. Bestimmt haben es alle anderen mitbekommen und wissen jetzt, dass ich eine Ober-Null bin!“

JULE: „Jetzt beruhige dich erstmal! Was waren das für Leute? Wenn jemand fragt, antwortet man entweder oder man kann nicht helfen. Das war ja übel und eine schlimme Erfahrung für dich. Wie hast du reagiert?“

EMMI: „Na, gar nicht. Ich hab mein Handy ausgeschaltet und mich im Bett verkrochen. Heute wollte ich am liebsten nicht zur Schule. Ich hatte die Befürchtung, mich lachen alle aus.“

JULE: „Das war erstmal gut. Du hättest mich gern anrufen können, dann hätten wir uns gemeinsam überlegt, ob wir antworten, die Kommentarfunktion ausschalten oder die Hater melden!“

EMMI: „Oh ja, stimmt. Auf diese Ideen bin ich gar nicht gekommen. Ich bin froh, dass ich im echten Leben eine gute Freundin wie dich habe.“ (269 Wörter)

Lösungsvorschläge zu Text 2

1. **Hinweis:** *Eine Überschrift ist eine starke Verdichtung der Geschehnisse eines Textes. Sie wird deshalb immer so gewählt, dass sie eine Zusammenfassung der Erzählung sein könnte und gleichzeitig Raum für eigene Interpretationen der Leser*innen zulässt. Du stellst beim Lesen des Textes fest, dass es hier keine Schlittenfahrt gibt, und lernst die Gründe kennen. Formuliere einen Text, in dem du erklärst, warum der Autor hier dennoch diesen Titel gewählt hat.*

   In der Erzählung „Die Schlittenfahrt" wird von einem jährlichen Ritual zu Silvester berichtet. Eigentlich fährt das Dorf mit Schlitten jedes Jahr auf eine Alm und feiert dort. Weil es aber dieses Jahr keinen Schnee gibt, können die Menschen nicht mit dem Schlitten fahren. Der Titel ist deshalb gut gewählt, da so klar wird, dass die Schlittenfahrt das ist, was eigentlich erzählt werden sollte. Wegen der globalen Erwärmung und des Klimawandels müssen die Menschen ihr Ritual aber erstmals anpassen und die „Schlittenfahrt" mit Treckern durchführen.

2. a) **Hinweis:** *Jedes Stilmittel wird eingesetzt, um einen bestimmten Effekt zu erzielen. Bei Personifikationen wird etwas eigentlich Lebloses mit den Eigenschaften und Handlungsweisen von Lebewesen ausgestattet. Auch der Text wird so lebendiger und anschaulicher.*

   Im genannten Abschnitt wird der Frost als handelnde Person dargestellt („Der Frost hatte sich längst in der Landschaft festgebissen"). Durch diese Personifikation wird der Text anschaulicher. Es wird deutlich, dass der Frost großen Einfluss auf die Lebensbedingungen der Menschen und Tiere hat und er damit die ausschlaggebende Kraft ist, die alles verändert.

   b) **Hinweis:** *Es gibt zahlreiche weitere Stilmittel, z. B.: Alliteration (gleicher Anfangslaut, z. B. **sch**nelle **Sch**litten), Metapher (Bedeutungsübertragung/sprachliches Bild, z. B. aus allen Wolken fallen), Hyperbel (Übertreibung, z. B. ich habe dir das schon **tausendmal** gesagt), Oxymoron (Kombination von Begriffen, die sich gegenseitig ausschließen, z. B. die **grüne Schnee**landschaft), Tautologie (doppelte Nennung, z. B. **kurz** und **knapp**). Suche im Text nach den dir bekannten Stilmitteln. Schreibe zwei Stück mit dem richtigen Fachbegriff auf und nenne jeweils ein Beispiel. Zeilenangaben sind hier nicht erforderlich, helfen dir aber sicher, wenn du deine Lösung später noch einmal durchliest.*

   Mögliche Stilmittel und Textstellen:
   - Alliteration: „Zur Feier des neuen Jahres **st**riegelte und **sch**mückte man die Pferde" (Z. 2/3), „wahre Wintermärchen" (Z. 7), „drunter und drüber" (Z. 8)
   - Tautologie: „Die Erwachsenen murmelten etwas von **‚globaler Erwärmung‘** und **‚Klimawandel‘**" (Z. 22)
   - Redewendung: „die Hand nicht vor den Augen sah" (Z. 27/28)
   - Metapher/sprachliches Bild: „desto **gläserner** wirkte die gefrorene Landschaft" (Z. 43), „Das Eis war **glasklar**" (Z. 52)

3. **Hinweis:** *Lies den Text noch einmal bis zur Abfahrt in Zeile 30 und markiere Textstellen, die beschreiben, dass die Situation dieses Jahr anders ist als in den Jahren zuvor. Suche dir eine Stelle aus und achte auf die richtige Zitierweise mit Anführungszeichen und Zeilenangabe.*

Mögliche Textstellen:

- „Doch zu Silvester des Jahres, in dem Nora zehn geworden war, war weder oben in den Bergen noch unten im Tiefland Schnee gefallen. Der Frost hatte sich längst in der Landschaft festgebissen, aber von ein paar Flecken hier und da abgesehen gab es keinen Schnee. Sogar die mächtige Schlucht lag schändlich nackt unter dem offenen Himmel und war ihres weißen Wintermantels beraubt." (Z. 17–21)
- „Die Erwachsenen murmelten etwas von ‚globaler Erwärmung' und ‚Klimawandel', und Nora prägte sich die für sie neuen Wörter ein. Zum ersten Mal in ihrem Leben ahnte sie, dass auf der Welt vielleicht nicht alles so war, wie es sein sollte." (Z. 22–24)
- „Aber zu Silvester wollten sie trotzdem hinauf in die Berge, dann eben mit Treckern. Noch dazu musste der traditionelle Besuch auf der Hütte in diesem Jahr tagsüber stattfinden, denn ohne Schnee auf der Hochebene würde der Silvesterabend so dunkel, dass man die Hand nicht vor den Augen sah." (Z. 25–28)

4. **Hinweis:** *Ein innerer Monolog ist ein gedankliches Selbstgespräch. Führe dir die Situation genau vor Augen und überlege, welche Gedanken und Gefühle Nora nach ihrem Spaziergang haben könnte. Hat sie Ängste oder Hoffnungen? Möchte sie etwas tun? Mach dir dazu am besten erst einmal stichpunktartige Notizen. Verfasse dann den inneren Monolog. Denke daran, dass du in die Rolle von Nora schlüpfen und aus ihrer Sicht in der Ich-Form schreiben musst. Damit dein Monolog möglichst anschaulich wird, kannst du umgangssprachliche Ausdrücke, unvollständige Sätze, Ausrufe oder Fragen an dich selbst einsetzen. Schreibe im Präsens.*

Und wir Kinder haben uns geärgert, dass wir nur mit den Treckern fahren konnten und nicht mit den schönen Schlitten. Wie dumm von uns! Wir können vielleicht nicht das machen, das uns am meisten Freude macht. Die Tiere aber leiden und viele sind sogar gestorben. Wird das so weitergehen? Werden die Tiere hier oben auch im nächsten Jahr keine Nahrung finden? Was passiert, wenn die Rentiere und Lemminge immer weiter ins Tal kommen? Unsere Wiesen sind im Sommer noch voll und grün, aber im Winter gibt es unten auch wenig zu fressen. Die Anderen freuen sich am sicheren Eis und an den Forellen. Dabei übersehen sie die toten Tiere hier. Ich habe Angst, dass es immer schwieriger und bedrohlicher wird – für die Tiere und für uns Menschen. Fehlender Schnee und ausfallende Schlittenfahrten sind dann wahrscheinlich das geringste Problem … Am Ende geht es auch für uns Menschen ums Überleben!

5. **Hinweis:** *Beachte, dass du bei Aufgabe 5* ***entweder*** *Wahlaufgabe A* ***oder*** *Wahlaufgabe B bearbeiten musst. Der Vollständigkeit halber findest du hier beide Lösungen.*

Wahlaufgabe A

Hinweis: *Der Text bietet einige Hinweise auf die Erkenntnisse, die Nora am Silvestertag hat. Achte vor allem auf Stellen, in denen beschrieben wird, was Nora sieht. Suche außerdem Textstellen heraus, an denen deutlich wird, dass Nora etwas Neues lernt. Achte dabei auf Hinweise wie „zum ersten Mal in ihrem Leben“ oder „nun wusste Nora“. Markiere die Informationen im Text und schreibe dann eine sinnvolle Begründung des Deutungsansatzes, die du mit zwei Textstellen belegst. Zeilenangaben sind nicht unbedingt erforderlich, helfen dir aber dabei, den Überblick zu behalten.*

In dem Jahr, in dem Nora zehn Jahr alt geworden war, ist es so kalt, dass es nur Frost und Eis, aber keinen Schnee gibt. Das lieb gewonnene Ritual, bei dem die Familien aus dem Dorf eine Schlittenfahrt zur Alm unternehmen, kann nicht wie gewohnt stattfinden, sondern muss abgeändert werden. Diese äußeren Veränderungen führen dazu, dass Nora die Welt genauer betrachtet und die Stimmung bewusst wahrnimmt („[…] und obwohl alle scherzten, […] war Nora nicht entgangen, dass die Sache mit den Rentieren unheimlich und bedrohlich war.“, Z. 35–38). Zusätzlich zu ihren Beobachtungen bekommt sie die Gespräche der Erwachsenen über die Klimaveränderungen mit. Dadurch ahnt sie „[z]um ersten Mal in ihrem Leben […], dass auf der Welt vielleicht nicht alles so war, wie es sein sollte“ (Z. 23/24). Sie erkennt also, dass es sehr ernste Probleme auf der Erde gibt, und verliert dadurch ihre Unbeschwertheit.

Wahlaufgabe B

Hinweis: *Bei dieser Aufgabe sind individuelle Lösungen möglich. Denke darüber nach, wie der Text auf dich wirkt, was in Nora vorgeht und wie du das deuten würdest. Versuche auch, „zwischen den Zeilen zu lesen“. Suche eine passende Textstelle als Beweis für deinen Deutungssatz. Schreibe dann einen zusammenhängenden Text.*

Mit der Fahrt zur Alm in den Bergen erhöht sich auch das Verständnis von Nora für den Klimawandel. Im Tiefland sind die Wetterveränderungen und ihre Auswirkungen für Nora noch neu und recht abstrakt. Sie stellt fest, dass es kaum Schnee gibt und Rentiere in die Dörfer hinunterkommen, die normalerweise im Hochland bleiben. Durch die Gespräche der Erwachsenen ahnt sie, dass es dafür einen ernsten Grund geben muss, kann diesen aber noch nicht ganz greifen. Auf der Fahrt zur Alm sitzt Nora mit den anderen Kindern im Anhänger. Als sie auf dem Weg ein totes Rentier sehen, erläutert ein Erwachsener, dass es verhungert sei. Am See angekommen, der noch etwas höher liegt, braucht Nora keinen Erwachsenen mehr, der ihr die Dinge erklärt. Sie entdeckt viele tote Tiere und kann durch ihre eigenen Beobachtungen und ihr eigenes Wissen Rückschlüsse auf den Ernst der klimatischen Lage ziehen („Nora wusste, was das bedeutete, und die märchenhafte Stimmung, die sie eben noch verspürt hatte, war verflogen.“, Z. 58–60).

6. **Hinweis:** *Hier wird eine klassische Inhaltsangabe erwartet. Beginne diese immer mit einem Basissatz, in dem du Titel, Autor*in und Textart nennst. Fasse in einem weiteren Satz die Kernaussage des Textes zusammen. Für den Hauptteil ist es sinnvoll, den Text in Sinnabschnitte zu unterteilen. Markiere dafür Schlüsselbegriffe im Text. Jeden Sinnabschnitt fasst du dann mit wenigen Sätzen zusammen. Achte darauf, dass eine zusammenhängende Zusammenfassung entsteht. Formuliere deine Sätze mit eigenen Worten. Schreibe im Präsens.*

Der Romanauszug „Die Schlittenfahrt" von Jostein Gaarder wurde 2013 in „2084 – Noras Welt" veröffentlicht. Er handelt davon, wie sich das Klima in Noras Dorf verändert und welche Auswirkungen das auf die Tiere und Menschen dort hat.
Nora ist ein Mädchen, das in einem Dorf aufwächst. Hier gibt es die Silvestertradition, in der Dunkelheit mit Pferdeschlitten und Fackeln auf eine Alm zu fahren und dort zu feiern. In dem Jahr, in dem Nora zehn Jahre alt ist, liegt kein Schnee, weil es dafür zu kalt ist. Das Mädchen registriert, dass die Erwachsene dafür den Klimawandel verantwortlich machen. Als zudem Rentiere erstmalig aus dem Hochland in die Dörfer hinunterkommen, erkennt Nora, dass das etwas Beunruhigendes sein muss. Die Silvesterfahrt auf die Alm findet schließlich bei Tag und mit Treckern statt. Unterwegs begegnen sie einem verhungerten Rentier und später beim See entdeckt Nora einige weitere tote Tiere. Da versteht das Mädchen, dass die Veränderungen des Wetters schwerwiegende Konsequenzen für die Tiere haben, weil sie auf dem gefrorenen Boden keine Nahrung finden und sich nicht unter die Schneedecke zurückziehen können.

7. **Hinweis:** *Beginne mit der Grafikauswertung. Schau dir hierfür die Höhe der Säulen an. Wie entwickelt sich diese? Gib bei deiner Auswertung auch Zahlen aus der Abbildung an. Denke dann an die Situation der Tiere im Text und ziehe Rückschlüsse aus der Statistik auf deren zukünftige Überlebenschancen. Formuliere einen zusammenhängenden Text.*

Die rote Liste zeigt auf, wie viele Tierarten gefährdet sind. In der Abbildung ist deutlich zu sehen, dass jedes Jahr mehr Tiere vom Aussterben bedroht sind. Von 2010 bis 2021 stieg die Anzahl der gefährdeten Tierarten von rund 10 000 auf knapp 16 000. Das ist eine Steigerung von über 50 %. Die Beobachtung, die die Protagonistin der Erzählung macht, spiegelt diese Entwicklung sehr gut wider. Wird ihr nicht gegengesteuert, werden immer mehr Tierarten aussterben. Auch die Tiere, die in der Erzählung vorkommen, sind Teil dieses Phänomens. Damit ist die Überlebenschance als sehr gering einzuschätzen. Der einzige Ausweg scheint, die Klimaveränderungen aufzuhalten und den Tierarten neue Lebensräume anzubieten.

8. **Hinweis:** *Gefordert wird eine dialektische Erörterung, also eine Erörterung, die Pro- und Kontra-Argumente abwägt. Du sollst auf Vor- und Nachteile eingehen, die sich aus einem Skiurlaub ergeben. Beginne mit einer Stoffsammlung, z. B. in einer Mindmap. Warum ist ein Skiurlaub gut? Was ist daran eher negativ zu sehen? Vielleicht warst du ja selbst schon einmal Skifahren oder Snowboarden, dann kannst du daran zurückdenken. Zusätzlich helfen dir die Quellen M 5 und M 6. Schreibe alles auf, was dir zu dem Thema einfällt. Ordne deine Notizen anschließend und erstelle eine strukturierte Gliederung. Danach schreibst du deine Erörterung. Beginne sie mit einer Einleitung. Diese muss das Thema des Textes enthalten, darf*

aber noch kein Argument vorwegnehmen. Anschließend schreibst du den Hauptteil, in dem du deine Argumente sachlich ausführst. Beginne deinen Text mit dem schwächsten und beende ihn mit dem stärksten Argument. Achte darauf, dass jedes Argument eine Behauptung, eine Begründung und ein Beispiel enthält. Beende den Text mit einer klaren Positionierung für oder gegen Skiurlaub. Begründe deine Meinung. Äußerlich sollte der Text mithilfe von Absätzen gegliedert sein. Achte auf eine korrekte Orthografie, die Zeichensetzung und eine treffende Wortwahl. Benutze zudem Fachausdrücke und wechsle deine Satzmuster und Satzanfänge ab.

Gliederung und Lösungsbeispiel

Einleitung

Hinführung zum Thema und Themenfrage: Wintersport ist in Deutschland sehr beliebt. Was sind die Vor- und Nachteile eines Skiurlaubs?

Hauptteil

1. Vorteile
   1.1 Einnahmen für die Tourismusbranche
   1.2 gut für die Gesundheit
2. Nachteile
   2.1 hohe Kosten
   2.2 schlecht für die Umwelt

Schluss

Stellungnahme: Umweltfreundlichen Wintersport betreiben und so seinen gesundheitlichen Nutzen erhalten, statt ganz darauf zu verzichten

Einleitung
Wintersport ist sehr beliebt.

Sich gesund zu halten und Sport zu treiben, liegt im Trend, also auch der Wintersport. Skifahren und Snowboarden ist eine äußerst beliebte Freizeit- und Urlaubsaktivität. Ob tageweise oder für einen längeren Urlaub, die Menschen strömen in die Skigebiete. Doch ist das vor dem Hintergrund von Klimawandel und Artenschutz noch zeitgemäß? Die Vor- und Nachteile eines Skiurlaubs sollen im Folgenden betrachtet werden.

Hauptteil
Vorteil 1: Einnahmen für Tourismusbranche

Obwohl die Umweltschäden durch Wintersport bekannt sind und vor allem in den Wintersportorten massive Auswirkungen haben können, entscheiden sich viele Gemeinden, weiterhin Tourismus zuzulassen und aktiv zu fördern. Der Grund ist klar: Durch Urlaubsgäste kommt Geld in die Region. Nicht nur die Hotels und Skilift-Betreiber verdienen gut daran. Der Einzelhandel, Gastronomie, Wellness und Skischulen können auf diese Einnahmen schwer verzichten. In einigen Regionen wurden die gravierenden Folgen, die ein Wegfall des Tourismus hat, in der pandemiebedingten Schließzeit deutlich. Ohne staatliche Hilfen wären viele Betriebe und ganze Regionen insolvent gegangen. Die Menschen in den Skigebieten haben ihre wirtschaftliche Situation auf Einnahmen aus dem Wintersport ausgerichtet und die Schaffung von Alternativen ist schwer und langwierig.

Ein weiterer Grund für Skiurlaube ist, dass Sport an der frischen Luft gesund ist. Der menschliche Körper ist auf Bewegung ausgelegt und wird krank, wenn es daran mangelt. Sport hilft, nicht nur körperlich fit zu bleiben, sondern hat auch positive Effekte auf Psyche und Immunsystem. Besonders erholsam und kraftspendend ist Sport, wenn er in der Natur stattfindet, weit weg von Lärm und Abgasen. Das trifft auf Wintersport sehr gut zu. Man ist dabei überwiegend draußen im Schnee und kehrt nur für Pausen in Hütten ein. So kann er dazu beitragen, gesund zu bleiben, und die Fitness stärken. Sogar Krankenkassen empfehlen ihn. Sie sagen zum Beispiel, dass dabei das Herz-Kreislauf-System ausgeglichen und somit Bluthochdruck und Diabetes vorgebeugt wird. Besonders Langlauf empfehlen sie, da er im Vergleich zum alpinen Sport ein geringeres Verletzungsrisiko hat.

Vorteil 2: gut für die Gesundheit

Aber leider hat Wintersport auch Schattenseiten. Vor allem für Familien ist es kaum noch erschwinglich, unbeschwerte Tage im Schnee zu verbringen. Allein die Kosten für die Ausrüstung sind sehr hoch. Dazu kommen Gebühren für die Anreise, die Unterkunft, den Skipass, Verpflegung und in der Regel auch für Skikurse. Das Urlaubsbudget ist damit schnell gesprengt. Als meine Eltern sich letztens über einen einwöchigen Aufenthalt in den Alpen informiert haben, stellten sie fest, dass der Skipass für eine Person schon 200 bis 300 Euro kostet. Das Hotel würde für die ganze Familie bei über 1 000 Euro liegen. Weitere Preise haben sie nicht recherchiert, da der Urlaub mit vier Leuten damit mehrere tausend Euro gekostet hätte.

Nachteil 1: hohe Kosten

Neben den hohen Kosten, die die einzelnen Wintersportler*innen treffen, sind auch die uns alle angehenden massiven Umweltschäden durch Wintersport ein klarer Nachteil. Skifahren ist auch auf natürlichem Schnee ein Eingriff in die Natur und kann negative Folgen für diese haben, beispielsweise für die jungen Bäume, die unter der Schneedecke wachsen wollen. Besonders problematisch ist der Wintersport aber in Gebieten, die künstlich beschneit werden müssen. Diese nehmen immer mehr zu. Dafür gibt es zwei Gründe: Zum einen schneit es durch die steigenden Temperaturen angesichts des Klimawandels immer seltener. Zum anderen gibt es immer mehr Wintersportler*innen, die immer mehr Platz brauchen. Also werden Schneekanonen zum Einsatz gebracht. Sie garantieren Schnee und damit Spaß für zahlende Kund*innen, haben aber auch massive negative Auswirkungen. Schneekanonen haben einen sehr hohen Wasserbedarf. Damit das Wasser zur Verfügung steht, werden Staubecken gebaut. Allein dadurch werden Schäden an den Böden verursacht und Lebensräume zunichtegemacht. Wenn der künstliche Schnee taut, fällt außerdem übermäßiges Schmelzwasser an, was zu Überschwemmungen führt. Darüber hinaus sind Schneekanonen wahre Stromfresser. In den Alpen verbrauchen sie pro Jahr etwa so viel Energie wie 130 000 4-Personen-Haushalte. Das belastet die Umwelt zusätzlich.

Nachteil 2: schlecht für die Umwelt

Die Folgen der künstlichen Beschneiung und der Zerstörung von Lebensraum tragen nicht nur die Wintersportler*innen. Diese Folgen tragen wir alle und sind vor allem für die jungen und kommenden Generationen ein riesiges Problem. Deshalb sollte Wintersport immer so betrieben werden, dass die Belastungen für die Natur möglichst gering gehalten werden. Statt Alpinski bieten sich Langlauf oder Schneeschuhwandern an. Beides beinhaltet Sport und Erholung und die Verletzungsgefahr ist dabei deutlich niedriger als bei alpinen Sportarten. So können die positiven Seiten des Wintersports genutzt und zugleich die Umwelt geschont werden. (694 Wörter)

Schluss
Stellungnahme: Umweltfreundlichen Wintersport betreiben und so seinen gesundheitlichen Nutzen erhalten

9. **Hinweis:** *Gefordert wird ein Aufruf zum Motto „Kinder fürs Klima“ mit dem Ziel, dass die Leser*innen ihren Alltag klimaverträglicher gestalten. Verwende die Du-Form, da du Jugendliche ansprichst. Beginne deinen Aufruf mit einer Überschrift und gliedere ihn in sinnvolle Abschnitte. Es sollen ein einleitender Gedanke, Handlungsmöglichkeiten und eine Schlussformel enthalten sein. Achte auf den korrekten Satzbau und eine korrekte Rechtschreibung. Verwende auch Stilfiguren wie Vergleiche oder sprachliche Bilder.*

Kinder für den Klimaschutz

Liebe Leser*innen,

unsere Erde ist unser einziger Planet, es gibt keinen Plan B. Wenn wir hier nicht mehr leben können, ist es für uns alle endgültig vorbei. Deshalb müssen wir jetzt wirklich alle von unserer Bequemlichkeit Abstand nehmen und anfangen, den eigenen Alltag klima- und umweltfreundlich zu gestalten. Das Motto „reduce, reuse, recycle“ fasst treffend zusammen, was wir nun wirklich alle endlich tun müssen.

1. Reduce: Reduziere deinen Konsum und deinen Verbrauch! Das gilt für alle Lebensbereiche. Kaufe z. B. nur so viel Kleidung, wie du wirklich brauchst. Überlege, was du wann essen willst, und kaufe passend ein, um keine Lebensmittel zu verschwenden.
2. Reuse: Viele Dinge des täglichen Bedarfs können länger benutzt werden, als sie eine einzelne Person braucht. Versuche, Gebrauchtes zu kaufen oder dir Dinge auszuleihen. Es braucht nicht jede*r ein Zelt, einen Schlafsack, Skier oder Kinderfahrräder. Gerade die Dinge, die man selten benutzt oder aus denen man rauswächst, können gut geteilt und weitergegeben werden, statt ständig Neues zu kaufen.
3. Recycle: Wenn man nicht ums Kaufen und Verbrauchen herumkommt, ist es wichtig, die Möglichkeiten des Recyceln zu nutzen. Trenne z. B. deinen Müll. Recyceltes Glas oder Plastik kann eingeschmolzen und zu neuen Flaschen und Verpackungen verarbeitet werden.

Das sind nur Beispiele, es gibt viele weitere Möglichkeiten. Mach dir Gedanken und setze die Tipps in die Tat um. So können wie alle etwas für das Klima tun! (229 Wörter)

Offizielle Musterprüfungen

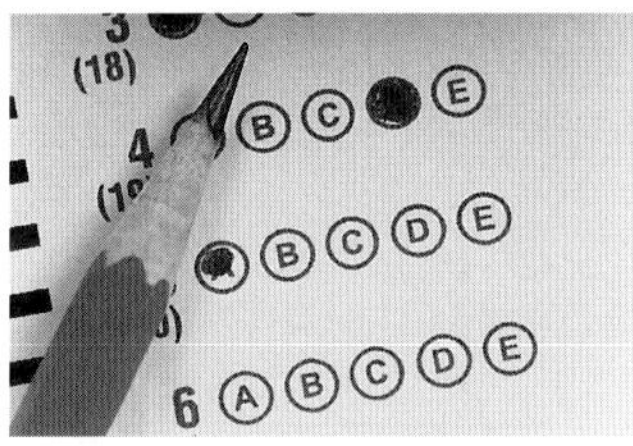

© Michael Flippo/Fotolia.com (oben), © Dreamstime.com (Mitte), © Yuri Arcurs/Fotolia.com (unten)

Offizielle Musterprüfung 1 zur neuen M10-Prüfung an Mittelschulen in Bayern
Deutsch

Bearbeitungshinweise

- Sie haben zwei Texte zur Auswahl. Lesen Sie diese und die dazugehörigen Arbeitsaufträge aufmerksam durch.
- Wählen Sie **einen** Text aus.
- Legen Sie zu Ihrem ausgewählten Text die Arbeitsaufträge und das Material bereit.
- Bearbeiten Sie die Aufgaben möglichst in der angegebenen Reihenfolge auf einem gesonderten Blatt.
- Schreiben Sie grundsätzlich in ganzen Sätzen, außer in der Aufgabe wird etwas anderes gefordert.
- Achten Sie auf eine saubere äußere Form.
  (→ Abzug von insgesamt bis zu 2 Punkten möglich)
- Achten Sie auf eine korrekte Rechtschreibung*.
  (→ Abzug von insgesamt bis zu 3 Punkten bei den Aufgaben 1 bis 6 möglich)

Ein deutschsprachiges Wörterbuch in Printform ist **erlaubt**.

*Bei Schülerinnen und Schülern mit einer anerkannten Rechtschreibstörung führen Rechtschreibfehler nicht zu Punktabzug (vgl. § 34 Abs. 7 BaySchO). Grammatik und Zeichensetzung fließen in die Bewertung ein.

Text 1

Die neue Kaufkraft

Soziale und ökologische Verantwortung ist mehr als nur eine Phrase, deshalb engagieren sich immer mehr Menschen oder ändern zumindest ihr Konsumverhalten.

„Ja, wir könnten jetzt was gegen den Klimawandel tun“, schrieb kürzlich der Kabarettist Marc-Uwe Kling. „Aber wenn wir in 50 Jahren feststellen, dass sich alle Wissenschaftler vertan haben und es gar keine Klimaerwärmung gibt, dann hätten wir ohne Grund dafür gesorgt, dass man in den Städten die Luft wieder atmen kann, dass die Flüsse nicht mehr giftig sind, dass Autos weder Krach machen noch stinken und dass wir nicht mehr abhängig sind von Diktatoren und deren Ölvorkommen. Da würden wir uns schon ärgern.“ Offenbar sind viele jüngere Menschen bereit, dieses Risiko einzugehen. In einer Studie des Umweltbundesamtes wird den sogenannten Millennials[1] ausgeprägtes Verantwortungsbewusstsein beim Konsum attestiert. Sie betrachten ihr Einkaufsverhalten mehrheitlich als politischen Vorgang, mit dem sie etwas verändern wollen. Ein gutes Leben, das anderen keinen Schaden zufügt, ist ihnen wichtiger als allen anderen Altersgruppen. Die eigenen Gewohnheiten ein bisschen zu verändern und die persönliche Komfortzone dann und wann zu verlassen, um den Alltag nachhaltiger zu gestalten, bringt nicht nur ein besseres Gewissen mit sich, sondern macht gemeinsam mit anderen auch Spaß. [...]

Der Slogan „Machen ist wie wollen, nur krasser“ trifft offenbar ein gesellschaftliches Bedürfnis. Die ökonomischen, ökologischen und sozialen Probleme, die unser stetig zunehmender Konsum weltweit verursacht, sind gewaltig. Und sie erfordern radikale Schritte. Es gilt, Nachfrage, basierend auf grundlegend veränderten Werten, zu schaffen. Die britische Ökonomin Kate Raworth ist davon überzeugt, dass nur mit einer komplett neuen Denkweise die ökonomischen Herausforderungen des 21. Jahrhunderts bewerkstelligt werden können. Sie ist überzeugt: „Unsere heutigen Volkswirtschaften benötigen Wachstum, unabhängig davon, ob es den Menschen nutzt. Wir brauchen aber eine Wirtschaft, die den Menschen nutzt, unabhängig davon, ob sie wächst oder nicht.“

Nun ist es naiv zu glauben, man könne zum Beispiel wieder so regional und saisonal konsumieren, wie das in den Fünfzigerjahren noch üblich war. Auch „Jute statt Plastik“ bringt bei der Wahl der Einkaufstasche nicht viel, wenn jeden Tag in Deutschland allein 50 Millionen Einwegplastikflaschen in Umlauf kommen, Waren in den Supermarktregalen doppelt in Folie verschweißt sind und der Onlinehandel die Müllmassen durch Verpackungsmaterial explodieren lässt.

Die Furcht vor der drohenden Zerstörung unseres Ökosystems hat viele gute Ideen hervorgebracht – und manche werden dank engagierter Menschen sogar umgesetzt. Mit dem Non-Profit-Projekt „The Ocean Cleanup“ etwa will der Niederländer Boyan Slat die Meere von umhertreibendem Plastikdreck befreien. Durch die Reinigungsaktion wird die gefährliche Verschmutzung zwar nur zu einem relativ kleinen Teil verringert. Trotzdem nützt das Vorhaben der Umwelt.

Man muss nicht gleich zum Müllfischer werden, um etwas zu verändern. Bereits durch bewusstes Kaufverhalten kann der Konsument enorme Macht entfalten. Hier bewahrheitet sich das afrikanische Sprichwort „Viele kleine Leute, die an vielen kleinen Orten viele kleine Dinge tun, können das Gesicht der Welt verändern“.

Was passiert, wenn Kunden sich aufgrund negativer Schlagzeilen von einer Marke abwenden, bekamen schon viele Firmen zu spüren. [...] Umsätze und Aktienkurse brachen ein. Läden mussten schließen. Selbst Luxusmarken folgten dem Kundenwillen: Sie änderten ihr Angebot im Sinne von Nachhaltigkeit und achten zunehmend auf Produktionsfaktoren wie faire Arbeitsbedingungen in Niedriglohnländern, Einsatz ökologisch produzierter Rohstoffe und Nutzen ressourcenschonender Geräte. Kurzfristig verzichten Firmen auf Millionenumsätze, um langfristig auch für junge, kritisch konsumierende Kunden attraktiv zu bleiben. Was Menschenrechtsbewegungen, Tier- oder Umweltschutzorganisationen mit öffentlichkeitswirksamen Aktionen begonnen haben, führen nun die Käufer im Stillen weiter.

Quelle: Kay Alexander Plonka, DER SPIEGEL, 07. 01. 2019, https://www.spiegel.de/stil/s-magazin/nachhaltigkeit-machen-ist-wie-wollen-nur-krasser-a-1243873.html, zu Prüfungszwecken bearbeitet.

Anmerkung

1 Millennials: Bevölkerungsgruppe/Generation, die zwischen 1981 und 1996 geboren wurde

M 1

Quelle: © Marion Schupfner

Arbeitsaufträge zu Text 1 Punkte

1. Der Autor verfolgt mit seinem Text eine gewisse Absicht, entsprechend wählt er auch die Textsorte.
   a) Bestimmen Sie die Textsorte und nennen Sie hierfür ein typisches Merkmal. 1 P
   b) Stellen Sie die Absicht des Autors kurz dar und verdeutlichen Sie dies durch zwei entsprechende Textbelege. 2 P

2. Erklären Sie die unterstrichenen Ausdrücke in den folgenden beiden Sätzen mit eigenen Worten.
   a) (jemandem wird) „ausgeprägtes Verantwortungsbewusstsein beim Konsum attestiert" (Zeile 10) 1 P
   b) „Einsatz ökologisch produzierter Rohstoffe" (Zeile 42) 1 P

3. Der Kabarettist Marc-Uwe Kling äußert sich auf ironische Weise zur möglichen Zukunft des Klimawandels (Zeile 3 ff.).
   Erläutern Sie kurz, was mit dem Einsatz dieses Stilmittels gerade zu Beginn des Textes bewirkt wird. 1 P

4. Wenn Konsumenten ihr Kaufverhalten ändern, kann dies Folgen für Unternehmen haben.
   Zitieren Sie zwei Textstellen, die dies verdeutlichen. Achten Sie auf eine korrekte Zitierweise. 3 P

5. Fassen Sie den Text in Form einer knappen Inhaltsangabe zusammen. 4 P

6. a) Beschreiben Sie detailliert die Karikatur **M 1** und interpretieren Sie diese. 3 P
   b) Führen Sie den Dialog der beiden Autoinsassen in Form einer Diskussion fort. Schreiben Sie den Dialog in sechs Sprechakten (wörtliche Rede) auf.
   Beziehen Sie dabei auch Informationen aus dem Text mit ein. 4 P

7. Viele junge Menschen engagieren sich für Umweltschutz und Nachhaltigkeit.
   Erörtern Sie kritisch, welche Chancen sich daraus ergeben, sich an Aktionen und Projekten zu beteiligen. Zeigen Sie anderseits aber auch auf, wo dies an Grenzen stößt. Kommen Sie schließlich zu einer eigenen Position.
   Erstellen Sie vorab eine strukturierte Gliederung zum Thema.
   Achten Sie auf einen grammatisch und rechtschriftlich korrekten Text. (Umfang ca. 600 Wörter/3 Seiten bei mittlerer Schriftgröße) 22 P

8. Der Niederländer Boyan Slat startete mit 18 Jahren das erfolgreiche Projekt „The Ocean Cleanup", um die Ozeane vor Plastikmüll zu schützen. Nun möchte er die

besten Geschichten seines Lebens als Müllfischer auf dem Meer in einem Jugendbuch herausgeben.

Versetzen Sie sich in den Meeresschützer und schreiben Sie die Geschichte seines außergewöhnlichsten Fangs in Form eines Erzähltextes auf. Setzen Sie dabei entsprechende sprachliche und stilistische Mittel des erzählenden Schreibens ein.

Achten Sie auf einen grammatisch und rechtschriftlich korrekten Text. (Umfang ca. 200 Wörter/1 Seite bei mittlerer Schriftgröße) 8 P

50

Text 2

Hinweis: *Für Musterprüfung 1 hat das Kultusministerium nur einen Text zur Verfügung gestellt. Text 2 ist in der Regel ein literarischer Text. Eine vollständige Prüfung, bei der du zwischen zwei Texten wählen kannst, steht dir mit Musterprüfung 2 zur Verfügung. Außerdem kannst du die neue Prüfung mit den beiden Übungsaufgaben im vorherigen Kapitel üben.*

Lösungsvorschläge zu Text 1

1. a) **Hinweis:** *Du erkennst die Textsorte an den typischen Merkmalen. Beim Lesen sind dir bestimmt schon Merkmale aufgefallen, beispielsweise die objektive Berichterstattung über ein bestimmtes Thema. Wähle ein Merkmal exemplarisch aus.*

Mögliche Lösungen:

- Bei dem Text „Die neue Kaufkraft" handelt es sich um eine Reportage, die in einem Onlinemagazin veröffentlich wurde. Ein typisches Merkmal ist die informierende und sachliche Schreibweise.
- Bei dem Text „Die neue Kaufkraft" handelt es sich um eine Reportage, die in einem Onlinmagazin veröffentlich wurde. Reportagen basieren auf umfassenden Recherchen der Autor*innen. Belege hierfür sind Zitate von Expert*innen, die auch im vorliegenden Text enthalten sind.
- Bei dem Text „Die neue Kaufkraft" handelt es sich um eine Reportage, die in einem Onlinemagazin erschienen ist. In Reportagen fließen auch persönlichen Beobachtungen der Autor*innen mit ein.

b) **Hinweis:** *Wenn nach der Absicht des Autors gefragt wird, kannst du überlegen, welche Wirkung der Text auf dich hat. Macht er dich nachdenklich, betroffen, erschrocken oder beruhigt er dich? Meistens kannst du daraus dann die Textabsicht ableiten. Um passende Textstellen zu finden, lies den Text noch einmal und überlege, an welcher Stelle die Absicht besonders deutlich wird.*

Herr Plonka möchte mit seinem Text über die ökonomischen, ökologischen und sozialen Auswirkungen des weltweiten Konsums informieren (Z. 17–19).
Außerdem appelliert er an das Gewissen der Leser*innen und fordert sie auf, sich für einen kritischen und nachhaltigen Konsum einzusetzen. Er zeigt auf, dass der Wille der Kundschaft einen enormen Einfluss auf die Produktionsweisen vieler Firmen hat. Viele Unternehmen bemühen sich, nach aufgekommener Kritik nun nachhaltiger und ressourcenschonender zu produzieren. Ausschlaggebend ist die Angst vor negativen Schlagzeilen und dem Verlust von Kund*innen (Z. 38–44).

2. **Hinweis:** *Überlege zunächst, welche deutschen Begriffe zu den Fremdwörtern passen. Sollte dir ein Wort unbekannt vorkommen, schlage es nach. Erkläre die Ausdrücke in eigenen Worten.*

a) Ein Synonym für das Wort „Konsum" ist „Verbrauch". Für „attestieren" kann man auch „bescheinigen" sagen. Der Ausdruck bedeutet also: (jemandem wird) ausgeprägtes Verantwortungsbewusstsein als Verbraucher*in bescheinigt.

b) Ein „ökologisch produzierter" Rohstoff wurde für Mensch und Natur unbedenklich hergestellt.

3. **Hinweis:** *Ein Inhaltspunkt wird vergeben, wenn du das Stilmittel Ironie erklärst. Gehe außerdem darauf ein, was der Kabarettist damit bezwecken möchte.*

Ironie soll mit verstecktem Spott auf etwas hinweisen oder an etwas Kritik üben. Ein ironischer Text soll zum Nachdenken anregen, denn in der Regel ist das Gegenteil von dem gemeint, was gesagt wird. Ein solcher Textanfang soll die Leser*innen auf den Text einstimmen und die Motivation fördern, sich mit dem Thema auseinanderzusetzen. Marc-Uwe Kling drückt damit aus, dass sich Umweltschutz auf jeden Fall lohnt.

4. **Hinweis:** *Ab Z. 38 des Textes werden die Folgen für Unternehmen genannt, die eintreten, wenn sich Kund*innen wegen negativer Schlagzeilen von Firmen abwenden. Suche für die Beantwortung der Aufgabe zwei davon aus. Achte beim Zitieren auf die Anführungszeichen und die Zeilenangabe.*

Mögliche Textstellen:
- „Umsätze und Aktienkurse brachen ein.“ (Z. 39)
- „Läden mussten schließen.“ (Z. 39/40)
- „Sie änderten ihr Angebot im Sinne von Nachhaltigkeit und achten zunehmend auf Produktionsfaktoren wie faire Arbeitsbedingungen in Niedriglohnländern [...].“ (Z. 40–42)
- „Kurzfristig verzichten Firmen auf Millionenumsätze [...].“ (Z. 43)

5. **Hinweis:** *Hier wird eine klassische Inhaltsangabe erwartet. Beginne diese immer mit einem Basissatz, in dem du Titel, Autor*in und Textart nennst. Fasse in einem weiteren Satz die Kernaussage des Textes zusammen. Für den Hauptteil ist es sinnvoll, den Text in Sinnabschnitte zu unterteilen. Markiere dafür Schlüsselbegriffe im Text. Jeden Sinnabschnitt fasst du dann mit wenigen Sätzen zusammen. Achte darauf, dass eine zusammenhängende Zusammenfassung entsteht. Formuliere deine Sätze mit eigenen Worten. Schreibe im Präsens.*

Die Reportage „Die neue Kaufkraft“ von Kay Alexander Plonka wurde auf der Webseite des Spiegel Magazins veröffentlicht. Es geht darin um das sich ändernde Verantwortungsbewusstsein bezogen auf unser Konsumverhalten.
Immer mehr junge Menschen, sogenannte Millenials, engagieren sich für die Umwelt und konsumieren bewusster, um etwas zu verändern. Ihr Ziel ist ein Lebensstil, mit dem sie weder Mitmenschen noch der Umwelt Schaden zufügen.
Um die ökonomischen, ökologischen und sozialen Probleme, die durch unser Konsumverhalten entstehen, in den Griff zu bekommen, muss sich die Nachfrage nach Produkten stark verändern. So ist die Ökonomin Kate Raworth der Meinung, dass unsere Volkswirtschaft in allererster Linie den Menschen nutzen soll, auch wenn das nicht zwangsweise mit einem Wirtschaftswachstum einhergeht.
Im Text wird beschrieben, dass die Zukunft letztendlich in den Händen aller Menschen liegt. So können engagierte Projekte einen Beitrag zum Umweltschutz leisten. Genauso können aber auch Kundinnen und Kunden durch ihr bewusstes Kaufverhalten eine enorme Macht entfalten.

Viele haben ihr Konsumverhalten bereits geändert und unterstützen Marken, die auf Nachhaltigkeit und faire Arbeitsbedingungen achten. So kann man Einfluss nehmen und Firmen zum Umdenken zwingen.

6. a) **Hinweis:** *Bei dieser Aufgabe musst du zunächst genau beschreiben, was du auf dem Bild siehst. Formuliere dann die Aussage der Karikatur. Bedenke, dass eine Karikatur ein ähnliches Stilmittel wie Ironie ist. Auch hier wird eine Botschaft indirekt übermittelt.*

In der Karikatur M 1 fährt ein Auto auf einer kurvenreichen und gefährlichen Straße, die von dünnen, brüchigen Säulen gestützt wird. Rechts von der Straße befindet sich ein Berg, links davon geht es einen Abgrund hinunter. Das Auto hält an einer Gabelung, an der ein Straßenschild mit zwei entgegengesetzten Richtungspfeilen steht. Beim Pfeil nach rechts ist die Aufschrift „Erdrettung“ zu lesen, beim Pfeil nach links ist ein Totenkopf abgebildet. Folgt man dem rechten Weg, sind Bäume und ein stabiler Weg zu sehen. Die linke Straße ist ein unbefestigter und bröckelnder Weg, der in den Abgrund führt, da die Stützen und die Fahrbahn am Horizont schon zusammenbrechen. Die Personen im Auto biegen nach links ab mit der Begründung: „Ach, fahr einfach weiter! Bisher ging's ja auch gut!“ Aus Gewohnheit fahren sie altbekannte Wege. Ganz nach dem Motto: „Die Straße war bisher in Ordnung, also wird es auch so weitergehen.“ Was sie nicht sehen wollen, ist, dass ihr Weg in den Abgrund führt und der Weg „Erdrettung“ langfristig besser wäre.
Die Entscheidung der Personen im Auto steht stellvertretend für die Lebensweise vieler Menschen. Gefahren wie z. B. der Klimawandel werden häufig heruntergespielt und aus Gewohnheit bleiben viele Menschen bei alten Verhaltensweisen, obwohl diese für sie selbst und andere schädlich sind und sich Veränderungen lohnen würden.

b) **Hinweis:** *Versetze dich in die Personen im Auto. Welche Gedanken könnten sie hinsichtlich der Thematik des Textes haben? Formuliere diesen Sprechakt als Streitgespräch. Verwende wörtliche Rede.*

BEIFAHRER: „Ach, fahr einfach weiter! Bisher ging's ja auch gut!“

FAHRERIN: „Meinst du? Du hast ja Recht, aber da war ein Totenkopf auf dem Schild. Was das wohl zu bedeuten hat?“

BEIFAHRER: „Was soll schon passieren? Wir sind doch immer dort lang gefahren und UNS ist noch nie was passiert. Alle Umweltkatastrophen sind weit weg von uns.“

FAHRERIN: „Aber wie lange geht das noch gut? Wenn wir weiter unsere Ressourcen so verschwenden und die Umwelt mit unseren Abgasen belasten, hat das sicher auch bald Auswirkungen auf uns.“

BEIFAHRER: „Du siehst das zu schwarz! Ein bisschen tun wir doch was für die Umwelt. Ich gehe schließlich immer mit meiner alten Einkaufstüte in den Supermarkt und kaufe nicht ständig eine neue Plastiktüte.“

FAHRERIN: „Und du denkst, dass das genügt? Ich glaube nicht! Wir können und müssen doch noch viel mehr tun. Es geht doch um unsere Zukunft.“

BEIFAHRER: „Was willst du denn noch? Soll ich etwa anfangen meinen Müll zu trennen?“

7. **Hinweis:** *Du sollst eine dialektische Erörterung schreiben, in der du die Chancen und Grenzen des Engagements für Umweltschutz beleuchtest. Du musst die beiden Seiten also gegeneinander abwägen. Markiere dir zunächst Schlüsselwörter in der Aufgabenstellung, um nicht den roten Faden zu verlieren. Erarbeite dann eine Stoffsammlung, z. B. in einer Mindmap. Schreibe darin alle Chancen und Grenzen des Engagements für Umweltschutz auf, die dir einfallen. Denke dabei an Situationen, in denen sich junge Menschen für Umweltschutz und Nachhaltigkeit einsetzen. Ordne deine Notizen anschließend und erstelle eine strukturierte Gliederung. Danach schreibst du deine Erörterung. Beginne sie mit einer motivierenden Einleitung. Diese muss das Thema des Textes enthalten, darf aber noch kein Argument vorwegnehmen. Anschließend schreibst du den Hauptteil, in dem du deine Argumente sachlich ausführst. Beginne deinen Text mit dem schwächsten und beende ihn mit dem stärksten Argument. Achte darauf, dass jedes Argument eine Behauptung, eine Begründung und ein Beispiel enthält. Finde treffende Überleitungen zwischen deinen Argumenten. In einem abschließenden Fazit legst du deine Meinung zum Thema dar und begründest diese. Achte auf eine korrekte Orthografie, die Zeichensetzung und eine treffende Wortwahl. Benutze zudem Fachausdrücke und wechsle deine Satzmuster und Satzanfänge ab.*

Gliederung und Lösungsbeispiel

Einleitung

Hinführung und Themafrage: Viele junge Menschen engagieren sich für Umweltschutz und Nachhaltigkeit. Welche Chancen ergeben sich dabei und wo stoßen sie an Grenzen?

Hauptteil

1. Grenzen
   1.1 überwiegender Symbolcharakter vieler Aktionen, z. B. „Earth Hour“
   1.2 schwierige Umsetzbarkeit vieler Forderungen, z. B. Kohleausstieg
2. Chancen
   2.1 Einfluss durch bewussten Lebensmittelkonsum, z. B. regionale und saisonale Produkte
   2.2 unmittelbare Auswirkungen von Aktionen im persönlichen Umfeld, z. B. „Plogging“

Schluss

Stellungnahme: Jedes noch so kleine Projekt zählt.

Einleitung
Ressourcenverbrauch der Industrieländer, Engagement junger Menschen

Würden alle Menschen dieser Erde so viele Ressourcen verbrauchen wie die Menschen der Industrieländer, bräuchten wir unseren Planeten insgesamt dreimal pro Jahr. Das zeigt, dass wir deutlich über unsere Verhältnisse leben. Viele junge Menschen engagieren sich daher für Umweltschutz und Nachhaltigkeit. Im Folgenden werden Chancen, aber auch Grenzen solcher Aktionen aufgezeigt.

Hauptteil
Grenze 1: Symbolcharakter überwiegt

Die „Earth Hour“ ist eine weltweite Aktion, an der sich auch viele junge Menschen beteiligen. An vielen verschiedenen Orten werden einmal pro Jahr für eine Stunde die Lichter ausgeschaltet – an berühmten Bauwerken wie dem Eiffelturm in Paris oder der Oper in Sydney, in Büros, Häusern und Wohnungen. Ziel ist es, die Aufmerksamkeit der Öffentlichkeit auf den Klimaschutz zu lenken, was durch die Teilnahme ganzer Städte auch gelingt.

Allerdings ist es eine jährlich auf eine Stunde begrenzte Aktion. Dadurch wird nicht besonders viel CO_2 eingespart. Die Verwendung von Energiesparlampen oder Ökostrom hätte einen wesentlich größeren Nutzen. Die Aktion ist also eher der berühmte „Tropfen auf den heißen Stein" und hat wie viele andere vor allem einen symbolischen Charakter.

Grenze 2: schwierige Umsetzbarkeit

Auch die Umsetzbarkeit der Forderungen engagierter junger Menschen ist eine Grenze, an die diese bei ihrem Engagement häufig stoßen. Meist spielen hier Kosten und politische Interessen eine Rolle. So kämpfen viele Initiativen beispielsweise für den Kohleausstieg, da Kohle ein fossiler Energieträger ist, bei dessen Verbrennung schädliche Treibhausgasemissionen entstehen. Mit Demonstrationen und Aktionstagen machen die meist jungen Aktivistinnen und Aktivisten auf das Problem aufmerksam. Was umwelttechnisch vernünftig ist, stößt bei der Umsetzung jedoch oft an Grenzen. Die Umweltbewegung ist hier abhängig von Vorgaben und vom Willen der Politik. Für diese gilt es, Versorgungsengpässe zu vermeiden und einen bezahlbaren Strompreis zu garantieren. Die deutsche Politik hat deshalb den Kurs eines sehr langfristigen Kohleausstiegs eingeschlagen.

Überleitung zu Chancen

Auch wenn es beim Einsatz für Umweltschutz und Nachhaltigkeit also Grenzen gibt, lohnt es sich dennoch, sich dafür einzusetzen. Insbesondere durch das persönliche umweltbewusste Handeln lässt sich einiges bewegen.

Chance 1: Einfluss durch Lebensmittelkonsum

Ein wichtiger Ansatzpunkt auf dem Weg zu einem nachhaltigen Leben ist der Lebensmittelkonsum. Viele junge Menschen achten darauf, Lebensmittel nicht wegzuwerfen, und kaufen vermehrt regionale und saisonale Waren. Sie leisten damit einen großen Beitrag zum Umweltschutz, da sie die umweltschonende Landwirtschaft aus der Region unterstützen und somit lange Lieferketten von Lebensmitteln vermieden werden. Gerade die Transportwege, die z. B. Obst und Gemüse hinter sich haben, bevor sie im Supermarkt landen, belasten unsere Erde enorm. Verzichtet man auf den Kauf von Erdbeeren aus Südamerika und von Äpfeln aus Neuseeland und isst diese Produkte zu Zeiten, in denen sie vor Ort wachsen, kann man dem entgegenwirken und die persönliche CO_2-Bilanz wesentlich senken. So bieten viele Bauernhöfe in ihren Hofläden Obst und Gemüse der Saison an und auch im Supermarkt wird gekennzeichnet, woher die Produkte stammen.

Chance 2: Aktionen im persönlichen Umfeld

Unmittelbare positive Auswirkungen auf die Umwelt können außerdem Aktionen im persönlichen Umfeld haben, da dabei direkt etwas getan wird, das Tieren und Pflanzen und damit auch den Menschen hilft. Viele junge Leute betreiben zum Beispiel „Plogging". Das ist ein Trend aus Schweden, bei dem man beim Laufen Müll aufsammelt. „Plogging" setzt sich aus dem schwedischen Wort „plocka" (sammeln) und „Jogging" zusammen. Man muss allerdings nicht unbedingt joggen, ein Spaziergang oder die Gassirunde eignen sich genauso. Dadurch lässt sich die Aktion perfekt in den Alltag integrieren. Müllsammeln hilft, Pflanzen zu schützen und den Lebensraum der Tiere zu erhalten. Zudem bewahrt es die Tiere davor, versehentlich

Plastik zu fressen und daran zu sterben. Landet Müll in einem Fluss, gefährdet er nicht nur die hier beheimateten Fischen, sondern gelangt außerdem in die Ozeane und schadet den Meeresbewohnern. Letztendlich ist das auch schlecht für uns Menschen, da mit den Fischen eine unserer Nahrungsquellen betroffen ist. Jedes eingesammelte Stückchen Müll bedeutet also weniger Gefahr für die Umwelt.

Schluss
Stellungnahme: Jedes noch so kleine Projekt zählt.

„Viele kleine Leute, die an vielen kleinen Orten viele kleine Dinge tun, können das Gesicht der Welt verändern.“ Das afrikanische Sprichwort lässt sich auf viele Lebensbereiche beziehen und es bewahrheitet sich auch in Sachen Umweltschutz und Nachhaltigkeit. Sicherlich kann niemand im Alter von 16 Jahren allein die Energiewende herbeiführen oder Plastikmüll komplett abschaffen. Jede einzelne Person kann aber im Kleinen einen Beitrag leisten und etwas für die Umwelt tun. (673 Wörter)

8. **Hinweis:** *Ein Erzähltext ist eine Alltagsgeschichte, die beispielsweise in Form einer Urlaubserzählung, eines Märchens, eines Tagebucheintrages oder Ähnlichem gestaltet werden kann. Wichtig ist, dass zu erkennen ist, welche spezielle Textsorte du gewählt hast. Beginne deinen Text immer mit einer thematischen Einführung. Beschreibe die Gedanken und Gefühle von Boyan Slat oder auch Hoffnungen und Befürchtungen.*
Achte auf eine orthografisch korrekte Sprache und einen variablen Satzbau. Verwende auch Stilfiguren wie Vergleiche oder sprachliche Bilder.

Die Flaschenpost

Mein Projekt „The Ocean Cleanup“ läuft nun seit einigen Jahren und hat viel Gutes bewirkt. Der außergewöhnlichste Fang war eine Flasche im letzten Sommer. Das klingt erstmal nicht nach etwas Ungewöhnlichem, war es auf den zweiten Blick aber doch, denn die Flasche beinhaltete etwas ganz Besonderes. Darin fand ich die folgende Nachricht eines Jungen:

Griechenland, August 2016

Lange habe ich mich auf die Sommerferien gefreut und konnte es kaum erwarten, die Tage am Meer zu verbringen. Endlich angekommen, packte ich meine Tauchausrüstung und zog los. Unter Wasser schwamm ich mit den verschiedensten Fischen des Mittelmeeres, doch nicht nur mit denen. Zwischen ihnen trieb unheimlich viel Plastikmüll. Herangeschwemmt oder vom Wind ins Meer geweht, fand ich Plastiktüten und anderen Unrat. Geschockt überlegte ich, was ich tun kann. Seit heute Morgen habe ich da eine Idee: Ich möchte eine Maschine entwickeln, die Müll aus dem Meer filtert! Und ich bitte dich, den Leser oder die Leserin dieser Nachricht, bei der Rettung unserer Meere mitzuhelfen. Vermeide Müll und entsorge ihn richtig! Zusammen können wir Großes erreichen!

Dein Boyan

Der Absender dieser Flaschenpost war also ich selbst. Viele Jahre sind inzwischen vergangen und mein Projekt hat vielen Meeresbewohnern das Leben gerettet. Etliche Tonnen Plastikmüll konnten wir aus den Meeren fischen und verhindern, dass weiteres Mikroplastik den Fischen schadet. Darauf bin ich sehr stolz. (219 Wörter)

Offizielle Musterprüfung 2 zur neuen M10-Prüfung an Mittelschulen in Bayern
Deutsch

Bearbeitungshinweise

- Sie haben zwei Texte zur Auswahl. Lesen Sie diese und die dazugehörigen Arbeitsaufträge aufmerksam durch.
- Wählen Sie **einen** Text aus.
- Legen Sie zu Ihrem ausgewählten Text die Arbeitsaufträge und das Material bereit.
- Bearbeiten Sie die Aufgaben möglichst in der angegebenen Reihenfolge auf einem gesonderten Blatt.
- Schreiben Sie grundsätzlich in ganzen Sätzen, außer in der Aufgabe wird etwas anderes gefordert.
- Achten Sie auf eine saubere äußere Form.
  (→ Abzug von insgesamt bis zu 2 Punkten möglich)
- Achten Sie auf eine korrekte Rechtschreibung*.
  (→ Abzug von insgesamt bis zu 3 Punkten bei den Aufgaben 1 bis 7 möglich)

Ein deutschsprachiges Wörterbuch in Printform ist **erlaubt**.

*Bei Schülerinnen und Schülern mit einer anerkannten Rechtschreibstörung führen Rechtschreibfehler nicht zu Punktabzug (vgl. § 34 Abs. 7 BaySchO). Grammatik und Zeichensetzung fließen in die Bewertung ein.

Text 1

Künstliche Intelligenz

Roboter, die Menschen beim Schachspiel besiegen, oder Computer, mit denen wir uns unterhalten können – die Wissenschaft versucht seit vielen Jahren, den komplexen menschlichen Geist künstlich nachzubauen. Wie weit sind sie damit gekommen?

Das Forschungsgebiet „Künstliche Intelligenz“ (KI) versucht, menschliche Wahrnehmung und menschliches Handeln durch Maschinen nachzubilden. Was einmal als Wissenschaft der Computer-Programmierung begann, hat sich mehr und mehr zur Erforschung des menschlichen Denkens entwickelt.

Denn nach Jahrzehnten der Forschung hat man die Unmöglichkeit erkannt, eine „denkende“ Maschine zu erschaffen, ohne zuvor das menschliche Denken selbst erforscht und verstanden zu haben. Deshalb gibt es zum Teil große Überschneidungen zwischen KI-Forschung und Neurologie beziehungsweise Psychologie.

Bis heute ist es nicht einmal annähernd gelungen, menschliche Verstandesleistungen als Ganzes mit Maschinen nachzuvollziehen. Ein großes Hindernis ist die Sprachverarbeitung. Auch die Durchführung einfachster Befehle ist für eine Maschine ein hochkomplexer Vorgang.

Die Forschung konzentriert sich deshalb zunehmend auf einzelne Teilbereiche, unter anderem mit dem Ziel, dort Arbeitserleichterungen zu schaffen. Dazu ist ein ständiger Austausch zwischen Wissenschaftlern verschiedenster Disziplinen (Kognitionswissenschaft, Psychologie, Neurologie, Philosophie und Sprachwissenschaft) notwendig.

Viele Wissenschaftler unterscheiden zwischen starker und schwacher KI. Schwache KI deckt nur Teilbereiche der Intelligenz ab. Sie basiert meist auf Methoden der Mathematik und Informatik und kommt beispielsweise in Navigationssystemen und bei der Spracherkennung zum Einsatz.

Starke KI beinhaltet logisches Denken, Planung, Kommunikation, das Treffen eigenständiger, komplexer Entscheidungen. Viele Forscher bezweifeln, dass diese jemals existieren wird.

Und selbst wenn es gelänge, ergäben sich viele ethische Fragen: Welche Entscheidungen kann man einer künstlichen Intelligenz überlassen, die keine Moral und kein Bewusstsein für Recht, Unrecht und vor allem für Zwischentöne besitzt?

Die Einsatzgebiete Künstlicher Intelligenz sind äußerst vielfältig. Oft sind sie uns nicht einmal bewusst. Am erfolgreichsten ist ihr Einsatz in kleinen Teilbereichen wie der Medizin: Roboter führen einige bestimmte Operationsabschnitte – etwa im Tausendstel-Millimeter-Bereich – wesentlich präziser durch als ein Chirurg.

In Produktionsstraßen, besonders in der Automobilindustrie, ersetzen Roboter eine Unzahl menschlicher Handgriffe. Vor allem bei gesundheitsschädlichen, unfallträchtigen Aufgaben, wie zum Beispiel beim Lackieren oder Schweißen, sind Roboterarme bereits seit den 1960er-Jahren nicht mehr wegzudenken.

Klassischer Anwendungsbereich für KI sind Spiele, insbesondere Brettspiele wie Dame und Schach. Längst haben programmierbare und lernfähige Spielzeuge, Mini-Roboter und Computerprogramme das Kinderzimmer erobert.

Das virtuelle Küken, um das man sich vom Zeitpunkt des Schlüpfens an wie um ein echtes Haustier kümmern muss, gehört zwar schon zum alten Eisen, dafür drängen andere künstliche Gefährten wie Roboter-Hunde, sprechende Dinos oder Puppen auf den Markt, mit denen man durch einfache Gesten oder Sprache kommunizieren kann und die bestimmte Aufgaben ausführen.

Expertensysteme sind spezialisiert auf ganz bestimmte und eng begrenzte Einsatzgebiete. Ein Beispiel dafür sind Programme, mit denen computertomografische Aufnahmen am Computerbildschirm in dreidimensionale Bilder umgesetzt werden. Ärzte können sich so im wahrsten Sinne des Wortes ein „Bild“ von der jeweiligen Körperpartie und ihrem Zustand machen.

Ein wichtiger Baustein der künstlichen Intelligenz sind selbstlernende Systeme. Diese kommen zum Beispiel bei automatisierten Spam-Filtern im E-Mail-Postfach zum Einsatz. Man füttert einen Computer mit Beispieldaten, die er auswertet und analysiert.

Das System erkennt Muster und Ähnlichkeiten und kann so Spam-Mails aussortieren, auch wenn ihm Absender oder Inhalt bislang unbekannt sind. Der Mensch greift nur noch kontrollierend ein und korrigiert beispielsweise, wenn eine Mail fälschlicherweise als Spam markiert wurde. Das merkt sich wiederum der Computer. Je länger das System diese Aufgaben ausführt, desto besser wird es – ein klassisches Beispiel für „Machine Learning“.

Auch Spracherkennungssysteme sind lernfähig. Je öfter man sie benutzt, desto mehr passen sie sich an die sprachlichen Eigenheiten des Benutzers an. So können sie dessen Stimme mit der Zeit besser verstehen und machen weniger Fehler bei der Verarbeitung.

1997 reisten Maschinen im Dienste des Menschen auf den Planeten Mars. Ziel der „Pathfinder-Mission“ war es, wissenschaftliches Messgerät auf die Marsoberfläche zu bringen. Dabei sollten geeignete Techniken für Flugphase, Atmosphäreneintritt, Abstieg und Landung entwickelt und erprobt werden.

Es musste alles möglichst automatisch funktionieren, da menschliche Eingriffe von der Erde aus wegen der Distanz kaum möglich sind. Ein Funksignal zur Erde würde, selbst wenn es mit Lichtgeschwindigkeit unterwegs wäre, 14 Minuten benötigen.

Doch die „Pathfinder-Mission“ glückte und legte so den Grundstein für weitere Marsmissionen. Im August 2012 landete das Fahrzeug „Curiosity“ auf dem Mars: 900 Kilogramm schwer und mit einer Vielzahl an Instrumenten ausgestattet, um zu erkunden, inwieweit der Planet als Biosphäre geeignet ist oder war.

Schon die Landung war spektakulär: Nach dem Eintritt in die Atmosphäre bremste die Sonde automatisch 20 Meter über der Oberfläche ab und ließ das Fahrzeug „Curiosity“ an Seilen herab.

Auf dem Mars bewegt sich „Curiosity“ mit einem Plutoniumantrieb fort, zertrümmert und analysiert Steine mit einem Laser und packt Gesteinsproben per Greifarm in eine Mikrowelle, um diese zu schmelzen. Mehr als acht Jahre ist „Curiosity“ bereits unterwegs. Es hat bereits mehr als zwanzig Kilometer zurückgelegt und funkt seine Erkenntnisse zur Erde. Und auch sein Nachfolger ist schon auf dem Weg: „Perseverance“ wurde im Juli 2020 ins All geschickt.

Nachtrag: Die Sonde „Perseverance“ landete am 18. Februar 2021 erfolgreich auf der nördlichen Marshalbkugel im Jezero-Krater und sendet seitdem verlässlich Informationen auf die Erde.

Quelle: Sabine Kern und Ingo Neumayer: Künstliche Intelligenz, Planet Wissen vom 22. 06. 2021, https://www.planet-wissen.de/technik/computer_und_roboter/kuenstliche_intelligenz/index.html, zu Prüfungszwecken bearbeitet.

M 1

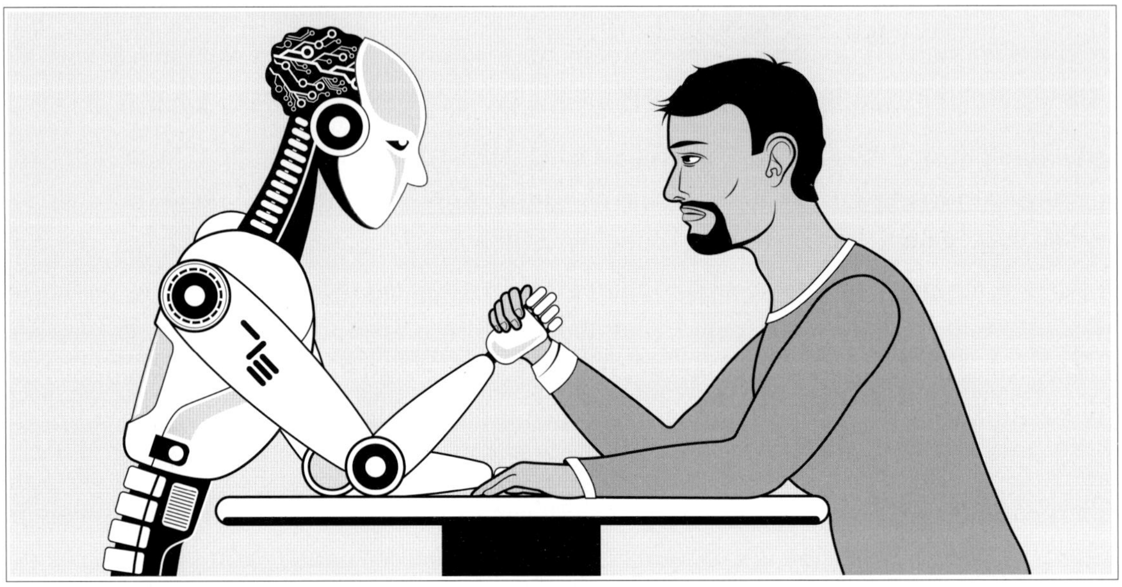

Quelle: eigene Darstellung nach Vorlage des StMUK

M 2

Arbeiten in der Altenpflege – das sollten Sie mitbringen:

- ✓ **Mut**
  Bereitschaft, hilfsbedürftige Menschen jederzeit zu unterstützen.
- ✓ **Offenheit**
  Freude am engen Kontakt mit anderen Menschen.
- ✓ **Empathie**
  Einfühlungsvermögen, gutes Gespür für Bedürfnisse anderer.
- ✓ **Sorgfalt**
  Ausdauer, intensiv zu beobachten und zu dokumentieren.
- ✓ **Teamgeist**
  Fähigkeit, gemeinsam mit anderen erfolgreich arbeiten zu können.
- ✓ **Belastbarkeit**
  Bewältigung von anspruchsvollen Situationen – körperlich und emotional.
- ✓ **Flexibilität**
  Rasche Auffassungsgabe, um Situationen schnell erfassen und angemessen reagieren zu können.

Quelle: eigene Darstellung nach Vorlage des StMUK

Arbeitsaufträge zu Text 1 Punkte

1. Die Autoren verfolgen mit ihrem Text eine gewisse Absicht, entsprechend wählen sie auch die Textsorte.

   Bestimmen Sie die Textsorte und stellen Sie die Absicht der Autoren kurz dar. 1 P

2. Im Text werden Nominalisierungen als Stilmittel verwendet.

   Suchen Sie diese heraus und ordnen Sie sie entsprechend zu.

   a) Schreiben Sie zwei Beispiele aus dem Text heraus. 1 P

   b) Erläutern Sie die Funktion des Nominalstils im Text. 1 P

3. Erklären Sie die Bedeutung der unterstrichenen Ausdrücke in den folgenden beiden Sätzen mit eigenen Worten.

   a) „Auch die Durchführung einfachster Befehle ist für eine Maschine ein <u>hochkomplexer Vorgang</u>." (Z. 13/14) 1 P

   b) „Sie <u>basiert</u> meist <u>auf Methoden</u> der Mathematik und Informatik […]." (Z. 20 f.) 1 P

4. Viele Forscher sind sich einig, dass es nicht gelingen kann, den menschlichen Geist künstlich nachzubauen.

   Zitieren Sie die beiden Textabschnitte, die dies verdeutlichen. Achten Sie auf eine korrekte Zitierweise. 3 P

5. Künstliche Intelligenz ersetzt in vielen Bereichen bereits heute menschliche Arbeit.

   Begründen Sie diese Aussage ausführlich mithilfe von drei konkreten Beispielen aus dem Text. Schreiben Sie einen zusammenhängenden Text. 4 P

6. Fassen Sie den Text in Form einer knappen Inhaltsangabe zusammen. 4 P

7. Auch die Abbildung **M 1** hat Künstliche Intelligenz zum Thema.

   a) Beschreiben Sie die Abbildung **M 1**. 1 P

   b) Schreiben Sie vier mögliche Gedanken des Mannes in Form eines inneren Monologs auf.
   Beziehen Sie dabei auch Informationen aus dem Text mit ein. 3 P

8. Die Wissenschaft versucht seit Jahrzehnten, die Weiterentwicklung Künstlicher Intelligenz für viele Einsatzbereiche voranzutreiben. So sollen beispielsweise Roboter in der Pflege alter Menschen eingesetzt werden.

   Erörtern Sie kritisch die Vor- und Nachteile, die sich aus der Nutzung Künstlicher Intelligenz in der Altenpflege und für Berufe in diesem Bereich ergeben. Sie können hierzu auch Informationen aus der Abbildung **M 2** entnehmen. Legen Sie Ihre eigene Position dar.

   Erstellen Sie vorab eine strukturierte Gliederung zum Thema.

Achten Sie auf einen grammatisch und rechtschriftlich korrekten Text. (Umfang ca. 600 Wörter/ca. 3 Seiten bei mittlerer Schriftgröße) 22 P

9. Ein Jugendbuchverlag plant die Veröffentlichung eines Erzählbandes mit dem Titel „Der Mensch und die Künstliche Intelligenz". **M1** wird als Titelbild ausgewählt.

   Schreiben Sie einen Erzähltext als Beitrag des Erzählbandes, der das Thema des Titelbilds **M1** aufgreift. Setzen Sie dabei entsprechende sprachliche und stilistische Mittel des erzählenden Schreibens ein.

   Achten Sie auf einen grammatisch und rechtschriftlich korrekten Text. (Umfang ca. 200 Wörter/ca. 1 Seite bei mittlerer Schriftgröße) 8 P

50

Text 2

Die Sehnsucht des Vorlesers

Vorspann:
Der unscheinbare 36-jährige Guylain Vignolles arbeitet in einer Papierverwertungsanstalt. Als er eines Tages im Zug den USB-Stick von Julie, die als Toilettenreinigungskraft in einem Einkaufszentrum arbeitet, findet, liest er alle 72 Dateien darauf.
In ihrer ersten Datei beschreibt Julie, wie sie jedes Jahr zum Frühlingsanfang die Kacheln an den Toilettenwänden zählt, um jedes Jahr erneut festzustellen, dass die Zahl stets dieselbe bleibt: 14.717.
Guylain ist fasziniert und begibt sich auf die Suche nach Julie. Als er sie gefunden hat, traut er sich jedoch nicht, sie anzusprechen. Stattdessen schickt er ihr ein Geschenk an ihren Arbeitsplatz.

So etwas war mir wirklich noch nie passiert. Das war einfach unglaublich. Und dazu noch an einem so unpassenden Ort! Selbst meine Tante hatte in vierzig Berufsjahren nichts Vergleichbares erlebt; nur ein Mal, erzählte sie mir am Abend, habe ein Mann ihr am Valentinstag eine rote Rose auf den Tisch gelegt, weil seine Freundin ihm zehn Minuten vorher den Laufpass gegeben hatte und er nicht wusste, wohin mit dem dornigen Ding.

Mein gigantischer Blumenstrauß war in Zellophanfolie eingewickelt, und unten dran hing ein kleines Päckchen aus Packpapier, auf dem mit schwarzem Kugelschreiber „Für Julie“ geschrieben stand.

Meine Hände zitterten, als ich das Päckchen auspackte. Und was war drin? Eine Kachel[1], die genauso aussah wie meine, dieselbe Größe, dieselbe milchige Glasur. Ich drehte und wendete sie hin und her, ohne zu verstehen, was das sollte. Des Rätsels Lösung fand sich dann in dem beiliegenden Brief:

Liebe Julie, eins muss ich gleich vorwegschicken: Ich bin nicht gerade das, was eine Frau unter einem Traumprinzen versteht. Und einen stattlichen Schimmel habe ich auch nicht.
Doch wenn ich an einem Brunnen vorbeikomme, werfe auch ich gern mal eine Münze hinein. Ich lispele nicht, und ich habe keine Warze, weder am Kinn noch sonstwo, dafür aber einen bescheuerten Namen, der mindestens ebenso peinlich ist. Außerdem liebe ich Bücher, obwohl ich sie tagein, tagaus tonnenweise vernichte. Und ich wohne mit einem Goldfisch namens Rouget de Lisle zusammen und habe genau zwei Freunde: einen Rollstuhlfahrer […] und einen Verseschmied, der fast nur in Reimen spricht.
So viel zu mir und meinem bisherigen Leben. Was aber viel wichtiger ist und warum ich Ihnen eigentlich schreibe: Vor ein paar Tagen habe ich entdeckt, dass es auf dieser Welt jemanden gibt, der eine erstaunliche Wirkung auf mich hat.
Dieser Jemand lässt alle Farben heller leuchten, nimmt meinem Alltag seine Schwere, wärmt mich von innen, macht das Unerträgliche erträglicher, das Hässliche nicht ganz so hässlich und das Schöne noch viel schöner. Kurzum, dieser Mensch macht mein Leben lebenswert. Und dieser Mensch … dieser Mensch sind Sie, liebe Julie.
Entschuldigen Sie, dass ich mit diesem Geständnis einfach so in Ihr Leben platze. Sie müssen wissen, vor etwa zwei Wochen habe ich durch Zufall Ihren USB-Stick in dem Zug gefunden, mit

dem ich täglich zur Arbeit fahre. Anfangs wollte ich ihn nur seinem rechtmäßigen Besitzer zurückgeben. Darum habe ich die Dateien geöffnet, weil ich dachte, sie würden mir vielleicht einen Hinweis liefern … Doch dann, nachdem ich Ihre Texte gelesen hatte, wollte ich Sie unbedingt kennenlernen.

Ich hoffe, Sie nehmen mir das nicht übel. Als Entschuldigung würde ich Ihnen gern die beiliegende Kachel schenken, damit Sie sie morgen mitzählen können. Selbst aus einer so eckigen Zahl wie 14.717 kann nämlich etwas Schönes, Rundes werden, wenn man ihr nur ein wenig auf die Sprünge hilft.

Anders als man manchmal denkt, ist nämlich nichts auf der Welt unveränderlich. Und darum möchte ich Sie nun noch fragen, ob Sie mir acht Minuten Ihrer Zeit schenken würden – obwohl ich kein Fan von Speed-Dating bin (die Sieben ist keine schöne Zahl, vor allem nicht für ein erstes Treffen, darum wünsche ich mir eine Minute mehr).

Der Satz, mit dem ich schließen möchte, klingt zugegebenermaßen kitschig. Aber ich möchte und werde ihn keiner anderen mehr schreiben als Ihnen, liebe Julie: Ich lege mein Schicksal in Ihre Hände.

Guylain Vignolles

Unter dem Namen stand nur noch eine Telefonnummer. Dieser Guylain mochte vollkommen durchgeknallt sein – aber sein Brief haute mich einfach um.

Noch ganz durcheinander von dem, was ich da gelesen hatte, schüttelte ich den Briefumschlag, und heraus fiel der knallrote USB-Stick, den ich nach meinem letzten Besuch bei Josy überall gesucht hatte. Ich las den Brief noch ein zweites Mal, dann ein drittes … Um ehrlich zu sein, im Laufe des Tages habe ich ihn bestimmt an die zwanzig Mal gelesen.

Sobald ich Wischmopp, Eimer und WC-Reiniger einmal kurz wegstellen konnte, nahm ich ihn zur Hand, ließ mir jedes Wort auf der Zunge zergehen und versuchte dabei, mir das Gesicht und die Stimme des Mannes vorzustellen, der fand, dass er einen bescheuerten Namen trug.

Und was soll ich sagen? Plötzlich hörte sich das Klirren der Münzen auf meiner Untertasse melodischer an als sonst, die Zeit verging schneller, das Neonlicht war wärmer und sogar die Leute kamen mir freundlicher vor.

Abends, als ich mich in mein Bett kuschelte, las ich den Brief dann noch ein paar Mal, so lange, bis ich ihn auswendig kannte und das Licht ausschalten konnte. Und da wusste ich auf einmal, dass ich Guylain Vignolles anrufen würde. Ich würde ihn anrufen und ihm sagen, dass ich ihn kennenlernen wollte. Und ich würde ihm nicht nur acht Minuten meiner Lebenszeit schenken, sondern mindestens drei Stunden. So lange dauerte es nämlich, bis ich in dieser Nacht einschlafen konnte. Ja, wir würden drei Stunden lang reden, schweigen und uns vielleicht sogar vorwagen und Worte sagen, die keiner von uns bisher im Leben ausgesprochen hat …

Heute ist im Übrigen der 20. März. Frühlingsanfang. Wie jedes Jahr habe ich meine Kacheln gezählt. Dabei habe ich laut gesungen, denn beim Zählen spürte ich in der Tasche meiner Kittelschürze das Gewicht von Guylains Kachel. Als ich fertig war und nur noch die Zahlen zusammenrechnen musste, legte ich sie behutsam auf meinen Tisch und rechnete sie zu dem bisherigen Ergebnis. Und was soll ich sagen? Obwohl ich natürlich nicht unvorbereitet war, war ich vollkommen überwältigt.

Ich nahm mein Handy und wählte seine Nummer.

Denn die 14.718 ist wirklich eine wunderschöne Zahl – wie geschaffen für einen Neuanfang.

Quelle: Jean-Paul Didierlaurent: Die Sehnsucht des Vorlesers. Übersetzt von Sina de Malafosse, dtv Verlagsgesellschaft, München 2017, 2. Auflage 2018, S. 118 ff., zu Prüfungszwecken bearbeitet.

Anmerkung

1 Kachel: Wandfliese

M3

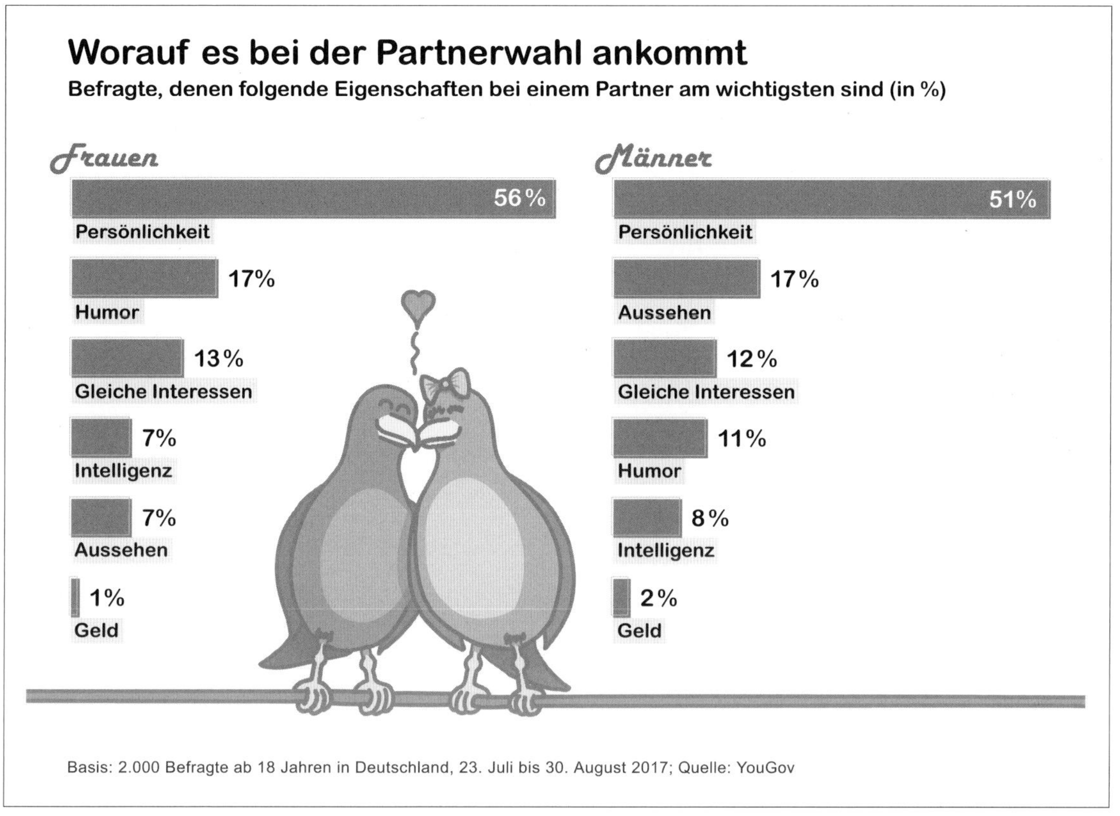

Quelle: eigene Darstellung nach Hedda Nier: Worauf es bei der Partnerwahl ankommt, Statista vom 15. 12. 2017, CC BY-ND 4.0, https://de.statista.com/infografik/12296/wichtigste-eigenschaften-bei-der-partnerwahl/

M4

Zitate und Sprichwörter zum Thema „Mut" und „Neuanfang":

- Am Anfang braucht man Mut, damit man am Ende glücklich ist.
- Jedem Anfang wohnt ein Zauber inne. (Hermann Hesse)
- Aller Anfang ist schwer.
- Und plötzlich weißt du: Es ist Zeit, etwas Neues zu beginnen und dem Zauber des Anfangs zu vertrauen. (Meister Eckhart)
- Fang nie an aufzuhören, hör nie auf anzufangen. (Cicero)
- Wenn du etwas wagst, wächst dein Mut. Wenn du zögerst, deine Angst.
- Wer nicht wagt, der nicht gewinnt.

Arbeitsaufträge zu Text 2 Punkte

1. Im vorliegenden Romanauszug werden innere und äußere Handlung dargestellt.

   a) Erläutern Sie mithilfe der Tabelle die Begriffe innere und äußere Handlung anhand der im Text erwähnten Kachel. 1 P

äußere Handlung (Kachel)	innere Handlung (Kachel)
Z. 67–69 Julie zieht die Kachel aus ihrer Kittelschürze und rechnet sie zu dem bisherigen Ergebnis dazu.	Z. 69–72 Julie ist überwältigt und verspürt den Wunsch, den Briefschreiber persönlich kennenzulernen.

   b) Zeigen Sie die Darstellung von innerer und äußerer Handlung anhand des im Text erwähnten Blumenstraußes analog der Tabelle in Aufgabe 1 a) auf. 2 P

2. Die Sprache des Romanauszugs ist mithilfe zahlreicher Stilmittel gestaltet.

   a) In den Zeilen 24–27 und 55–57 findet sich jeweils das Stilmittel des Parallelismus. Erläutern Sie dessen Funktion im Text. 1 P

   b) Benennen Sie zwei weitere verwendete Stilmittel und belegen Sie diese jeweils durch ein Beispiel aus dem Text. 2 P

3. Für Julie ist der Brief von großer Bedeutung.

   Zitieren Sie eine Stelle aus dem Text, aus der dies hervorgeht. 1 P

4. **Wahlaufgabe** 4 P

   Wählen Sie zur Bearbeitung **entweder** A) einen inneren Monolog **oder** B) einen Dialog als Telefongespräch aus.

   A) Verfassen Sie einen möglichen inneren Monolog des Briefschreibers Guylain Vignolles, nachdem er sein Päckchen und den Blumenstrauß aufgegeben hat. Formulieren Sie drei ausführliche Gedankengänge.

   oder:

   B) Am Ende des Textes greift Julie zum Handy, um den Briefschreiber anzurufen. Verfassen Sie ein mögliches Telefongespräch in Dialogform in sechs Sprechakten (wörtliche Rede).

5. **Wahlaufgabe** 4 P

   Der vorliegende Romanausschnitt kann unterschiedlich interpretiert werden. Wählen Sie zur Bearbeitung **entweder** A) **oder** B) aus.

   A) Deutungsansatz: Der sich abzeichnende Beginn einer Liebesbeziehung zwischen den beiden Protagonisten bietet für sie die Chance auf einen Neuanfang. Begründen Sie diese Deutung ausführlich und belegen Sie sie mit zwei passenden Textstellen.

   oder:

B) Formulieren Sie einen eigenen Deutungsansatz.
Begründen Sie Ihre eigene Deutung ausführlich und belegen Sie sie mit einer passenden Textstelle.

6. Fassen Sie den Text (Z. 1–72, ohne Vorspann) in Form einer knappen Inhaltsangabe in wenigen Sätzen zusammen. 3 P

7. Die Grafik **M 3** zeigt relevante Kriterien für die Partnerwahl.
Geben Sie auf der Grundlage einer Grafikauswertung eine begründete Einschätzung zur Chance einer Beziehung zwischen den beiden Protagonisten des Textes. 2 P

8. Die Kommunikation hat sich in den letzten Jahren stark verändert. Persönlich verfasste, ausführliche Briefe sind heute eine Seltenheit. Viele Menschen kommunizieren eher über Kurznachrichten.
Erörtern Sie kritisch das Für und Wider der Kommunikation über Kurznachrichten. Legen Sie Ihre eigene Position dar.
Erstellen Sie vorab eine strukturierte Gliederung zum Thema.
Achten Sie auf einen grammatisch und rechtschriftlich korrekten Text. (Umfang ca. 600 Wörter/3 Seiten bei mittlerer Schriftgröße) 22 P

9. Unter dem Motto „Öfter mal was Neues wagen – Mut tut gut!“ ruft ein Jugendmagazin zu einem Schreibwettbewerb auf.
Verfassen Sie als Wettbewerbsbeitrag einen Text, in dem Sie Ihre Leserinnen und Leser aufrufen, mutig zu sein und einen Neuanfang zu wagen, wenn es an der Zeit dafür ist. Sie können dabei auf Zitate oder Sprichwörter aus **M 4** zurückgreifen.
Achten Sie auf einen grammatisch und rechtschriftlich korrekten Text. (Umfang ca. 200 Wörter/ca. 1 Seite bei mittlerer Schriftgröße) 8 P

50

Lösungsvorschläge zu Text 1

1. **Hinweis:** *In einem Bericht werden Tatsachen knapp und sachlich wiedergegeben. Meist werden die Zeitform Präteritum und ein abwechslungsreicher Wortschatz mit Fachausdrücken verwendet.*

   Der Text „Künstliche Intelligenz" ist ein Zeitungsbericht. Mithilfe des Textes wollen die Autor*innen sachlich über die Möglichkeiten sowie über Vor- und Nachteile von künstlicher Intelligenz informieren.

2. a) **Hinweis:** *Lies den Text noch einmal genau durch und markiere die nominalisierten Verben oder Adjektive. Bei einer Nominalisierung wird aus einem Wort, das einer anderen Wortart angehört, ein Nomen gebildet. Beispiele können sein: das Lesen, etwas Neues. Wenn du dir bei der Aufgabe unsicher bist, schlage in einem Wörterbuch nach.*

   Mögliche Beispiele:
   - zur Erforschung des menschlichen Denkens
   - die Unmöglichkeit erkannt
   - die Durchführung einfachster Befehle
   - ständiger Austausch
   - das Treffen eigenständiger, komplexer Entscheidungen

   b) **Hinweis:** *Deine Aufgabe ist es, das Stilmittel des Nominalstils zu erklären. Schreibe ganz allgemein, weshalb ein Autor oder eine Autorin den Nominalstil einsetzt.*

   Mithilfe von Nominalisierungen werden Verben oder Adjektive in Nomen umgewandelt. Dieses Stilmittel wird häufig in wissenschaftlichen Artikeln oder Gesetzestexten verwendet, um viele Informationen knapp und präzise darzustellen.

3. **Hinweis:** *Erkläre die Ausdrücke allgemeingültig oder im Zusammenhang mit dem Text. Veranschaulichen kannst du deine Ausführungen auch mit selbst gewählten Beispielen.*

   a) Ein „hochkomplexer Vorgang" ist ein sehr umfangreicher, komplizierter Ablauf.

   b) Dass KI auf Methoden der Mathematik und Informatik basiert, bedeutet, dass sie auf diesen Methoden beruht oder sich darauf stützt. Die Methoden bilden also die Grundlage. Eine Methode ist ein Verfahren oder eine Arbeitsweise.

4. **Hinweis:** *Suche im Text nach den zwei Textstellen, in denen verdeutlicht wird, dass rein menschliche Fähigkeiten wie die Verarbeitung der Sprache oder logisches Denken nicht auf Maschinen übertragen werden können. Achte beim Zitieren darauf, die Zeilenangabe anzugeben, Anführungszeichen zu setzen und gegebenenfalls Auslassungszeichen einzufügen.*

- „Bis heute ist es nicht einmal annähernd gelungen, menschliche Verstandesleistungen als Ganzes mit Maschinen nachzuvollziehen. Ein großes Hindernis ist die Sprachverarbeitung.“ (Z. 12/13)
- „Starke KI beinhaltet logisches Denken, Planung, Kommunikation, das Treffen eigenständiger, komplexer Entscheidungen. Viele Forscher bezweifeln, dass diese jemals existieren wird.“ (Z. 22/23)

5. **Hinweis:** *Ab Zeile 27 gehen die Autor*innen auf die Einsatzbereiche der Künstlichen Intelligenz ein. Hier findest du die geforderten Beispiele. Nenne drei Einsatzbereiche und achte darauf, dass du einen zusammenhängenden Text schreibst. Hierfür ist der Einsatz von Überleitungen wie „auch“ oder „außerdem“ sinnvoll.*

Künstliche Intelligenz ersetzt die menschliche Arbeit beispielsweise in Teilbereichen der Medizin. Manche Operationen erfordern sehr präzise Eingriffe im Tausendstel-Millimeter-Bereich. Hier können Roboter genauer arbeiten als Menschen und Chirurg*innen sinnvoll unterstützen.
Auch in der Industrie ersetzen Maschinen den Menschen in vielen Bereichen. Insbesondere bei gesundheitsschädlichen und unfallanfälligen Tätigkeiten wie beispielsweise dem Lackieren und Schweißen bei der Automobilherstellung kommen Roboter bereits seit über 60 Jahren zum Einsatz.
In der Raumfahrt überwinden Roboter außerdem für uns Menschen unerreichbare Entfernungen und fliegen beispielsweise zum Mars. Sie erkunden den Planeten unter für Menschen lebensfeindlichen Bedingungen und liefern wissenschaftliche Erkenntnisse.

6. **Hinweis:** *Hier wird eine klassische Inhaltsangabe erwartet. Beginne diese immer mit einem Basissatz, in dem du Titel, Autor*in und Textart nennst. Fasse in einem weiteren Satz die Kernaussage des Textes zusammen. Für den Hauptteil ist es sinnvoll, den Text in Sinnabschnitte zu unterteilen. Markiere dafür Schlüsselbegriffe im Text. Jeden Sinnabschnitt fasst du dann mit wenigen Sätzen zusammen. Achte darauf, dass eine zusammenhängende Zusammenfassung entsteht. Formuliere deine Sätze mit eigenen Worten. Schreibe im Präsens.*

Der Text „Künstliche Intelligenz“ wurde von Sabine Kern und Ingo Neumayer verfasst und auf der Website www.planet-wissen.de veröffentlicht. Er behandelt zunächst das Forschungsgebiet der KI und zeigt dann anhand verschiedener Beispiele auf, in welchen Bereichen KI bereits genutzt wird.
Die KI-Forschung versucht, menschliche Wahrnehmung und menschliches Handeln durch Maschinen nachzubilden, indem sie menschliches Denken erforscht und dabei eng mit Fachleuten aus Gebieten wie der Neurologie und der Psychologie zusammenarbeitet. Es wird dabei zwischen starker und schwacher KI unterschieden. Starke KI würde bedeuten, dass der gesamte menschliche Verstand auf eine Maschine übertragen werden kann. Da das bis heute nicht gelungen ist und zudem das Problem besteht, dass eine KI keine Moral besitzt, konzentriert sich die Forschung auf Teilbereiche der Intelligenz, die sogenannte schwache KI.

Das Ziel beim Einsatz von KI ist oft, Arbeitserleichterungen und -verbesserungen zu schaffen, beispielsweise in der industriellen Produktion oder in der Medizin. Aber auch bei Spielwaren kommt KI zum Einsatz. Besonders wichtig sind selbstlernende Systeme. Computer lernen dabei immer mehr dazu, indem sie mit Beispieldaten gefüttert werden und diese auswerten. So können sie beispielsweise Spam-Mails automatisch aus dem E-Mail-Postfach herausfiltern. Außerdem spielt KI für Marsmissionen eine wichtige Rolle. Seit 1997 fliegen immer wieder Maschinen auf den Planeten, um wissenschaftliche Daten zu sammeln und an die Erde zu senden.

7. a) **Hinweis:** *Erkläre, was der Roboter und der Mensch tun. Gehe auch auf die Körperhaltungen und die Gesichtsausdrücke ein.*

In der Abbildung M 1 sitzt ein Mann einem Roboter gegenüber und misst sich mit ihm im Armdrücken. Beide beugen den Oberkörper nach vorne, wodurch man die Anstrengung erkennen kann. Dabei sehen sie sich tief in die Augen. Zwischen dem Menschen und dem Roboter herrscht Gleichstand.

b) **Hinweis:** *Ein innerer Monolog ist ein gedankliches Selbstgespräch. Überlege, wie sich der Mann in der Situation fühlt und was er denkt. Welche Gewinnchancen rechnet er sich aus? Mach dir dazu am besten stichpunktartige Notizen. Bedenke, dass du vier Gedanken aufnehmen sollst. Verfasse dann den inneren Monolog. Denke daran, dass du dafür in die Rolle des Mannes schlüpfen und aus seiner Sicht in der Ich-Form schreiben musst. Damit dein Monolog möglichst anschaulich wird, kannst du umgangssprachliche Ausdrücke, unvollständige Sätze, Ausrufe oder Fragen an dich selbst einsetzen. Schreibe im Präsens.*

Ob ich wohl gegen einen Roboter gewinnen kann?
Ich habe diese Maschine selbst gebaut und programmiert und weiß, dass ich eigentlich keine Chance habe. Aufgeben wird der Roboter nicht. Das ist sicher, weil das in seinem Programm nicht vorkommt. Austricksen ist ebenfalls keine Option, denn ich habe ihm alle Tricks einprogrammiert, die ich kenne.
Gegen das Material habe ich auch keine Chance. Meine Arme sind nur aus Knochen, seine aus Stahl und die Getriebe sind die neuesten, die es gibt.
Auch seine Ausdauer ist natürlich besser als meine. Meine Muskelkraft wird nach wenigen Minuten nachlassen, damit hat der Roboter natürlich nicht zu kämpfen. Sein Akku macht erst nach mehreren Stunden schlapp.
Es gibt nur eine Möglichkeit zu gewinnen: einen Kurzschluss.

8. **Hinweis:** *Gefordert wird eine dialektische Erörterung, also eine Erörterung, die Pro- und Kontra-Argumente abwägt. Du sollst auf Vor- und Nachteile eingehen, die sich aus dem Einsatz von Robotern bzw. künstlicher Intelligenz im Bereich Altenpflege ergeben. Beginne mit einer Stoffsammlung, z. B. in einer Mindmap. Welche Möglichkeiten ergeben sich durch künstliche Intelligenz in der Pflege? Weshalb wäre der Einsatz von Robotern nicht so gut? Schreibe alles auf, was dir dazu einfällt. Ordne deine Notizen anschließend und erstelle eine*

strukturierte Gliederung. Danach schreibst du deine Erörterung. Beginne sie mit einer Einleitung. Diese muss das Thema des Textes enthalten, darf aber noch kein Argument vorwegnehmen. Anschließend schreibst du den Hauptteil, in dem du deine Argumente sachlich ausführst. Beginne deinen Text mit dem schwächsten und beende ihn mit dem stärksten Argument. Achte darauf, dass jedes Argument eine Behauptung, eine Begründung und ein Beispiel enthält. Beende den Text mit einer klaren Positionierung für oder gegen den Einsatz. Begründe deine Meinung. Äußerlich sollte der Text mithilfe von Absätzen gegliedert sein. Achte auf eine korrekte Orthografie, die Zeichensetzung und eine treffende Wortwahl. Benutze zudem Fachausdrücke und wechsle deine Satzmuster und Satzanfänge ab.

Gliederung und Lösungsbeispiel

Einleitung

Hinführung und Themenfrage: Welche Vor- und Nachteile ergeben sich aus der Nutzung Künstlicher Intelligenz in der Altenpflege und für Berufe in diesem Bereich?

Hauptteil

1. Vorteile
   1.1 höhere Belastbarkeit der Maschinen im Vergleich zu Menschen
   1.2 geringere Kosten gegenüber Personalkosten
2. Nachteile
   2.1 fehlende Empathie von Maschinen
   2.2 fehlende Moral von Maschinen bei Entscheidungen

Schluss

Stellungnahme: Zwischenmenschliche Beziehungen sind wichtiger als Kosteneinsparungen.

Einleitung
Blick in die Zukunft

Die Menschen in Deutschland werden immer älter und gleichzeitig ist die Geburtenrate niedrig. Damit steigt der Anteil von pflegebedürftigen Menschen in der Bevölkerung zunehmend an. Leider sind Pflegeberufe eher unattraktiv und es gibt seit Jahren einen Personalengpass. Immer wieder flammt daher eine Debatte um den Einsatz von Robotern oder anderer Formen Künstlicher Intelligenz in der Altenpflege auf. Doch würde das wirklich Vorteile mit sich bringen oder überwiegen die Nachteile?

Hauptteil
Vorteil 1: höhere Belastbarkeit von Maschinen

Menschen zu pflegen, ist harte körperliche Arbeit. Es bedeutet, sie zu waschen und zu füttern, Betten zu überziehen, die Personen zu wickeln, Medikamente zu verabreichen und vieles mehr, und dabei sollen die Pflegekräfte auch freundlich mit den Menschen in Kontakt treten. All diese Tätigkeiten sind körperlich und psychisch eine Herausforderung und bringen das Pflegepersonal häufig an die Belastbarkeitsgrenze. Maschinen mit künstlicher Intelligenz können viele dieser anstrengenden Tätigkeiten übernehmen, ohne die Folgen der Belastungen fürchten zu müssen. Daher werden für einige Abläufe in Pflegeheimen bereits Roboter eingesetzt. Es gibt zum Beispiel Vorrichtungen, die beim Umbetten von bettlägerigen Menschen helfen. Diese Tätigkeit ist körperlich sehr anstrengend und belastet Altenpflegekräfte enorm. Werden solche und ähnliche Tätigkeiten von Maschinen übernommen, wird das Pflegepersonal nicht nur vor körperlichen Folgeschäden bewahrt, sondern hat auch wieder mehr Zeit für zwischenmenschliche Beziehungen zu den Pflegebedürftigen.

Ein weiterer Vorteil von Künstlicher Intelligenz sind die geringeren Kosten einer Maschine im Vergleich zum Gehalt des Pflegepersonals. Altenpflegekräfte beziehen selbstverständlich ein monatliches Gehalt und zusätzliche Sonderzahlungen wie Weihnachts- und Urlaubsgeld. Eine Maschine muss zwar einmalig angeschafft und dauerhaft gewartet werden, allerdings sind diese Kosten geringer als Personalkosten. Eine Pflegekraft verdient im Jahr ca. 35 000 Euro. Ein Pflegeroboter, der beispielsweise bei demenzkranken Menschen eingesetzt werden kann, kostet dagegen in der Anschaffung einmalig ca. 5 000 Euro.

Vorteil 2: geringere Kosten gegenüber Personalkosten

Einfühlungsvermögen und ein Gespür für die Bedürfnisse alter oder kranker Menschen kann eine Maschine jedoch niemals bieten. Das ist somit ein klarer Nachteil von Künstlicher Intelligenz. Für Menschen in Pflegeeinrichtungen ist körperliche Zuwendung manchmal genauso heilsam wie ein Medikament, insbesondere für ihre psychische Verfassung. Nur ein Mensch kann Wärme und Trost schenken, zum Beispiel indem er dem Gegenüber einfach nur die Hand hält, über den Kopf streichelt oder ein paar warme Worte mit ihm wechselt. Roboter können sicherlich einige Aufgaben übernehmen und Arbeitsabläufe erleichtern, aber Empathie haben sie keine. Sie können daher keine echten Gefühle zeigen, sondern diese nur simulieren, und man kann heilende Berührungen nicht durch Plastik und Metall ersetzen. Menschen sollten wahres Mitgefühl durch andere Menschen erfahren und nicht nur durch simulierende Maschinen.

Nachteil 1: fehlende Empathie der Maschinen

Maschinen und Roboter mit künstlicher Intelligenz werden nicht müde oder schlecht gelaunt, aber sie kommen an ihre Grenzen, wenn Entscheidungen getroffen werden müssen, bei denen auch ethische und moralische Aspekte eine Rolle spielen. Roboter können pflegebedürftige Menschen beispielsweise mit Medikamenten versorgen. Doch wie reagieren sie, wenn der Patient oder die Patientin das Medikament nicht nehmen möchte? Jeder Mensch hat das Recht auf Selbstbestimmung und darf nicht zu etwas gezwungen werden. Zugleich könnte es den Tod für die pflegebedürftige Person bedeuten, wenn die Roboter die Verweigerung der Einnahme einfach akzeptieren. Das könnte man dann wiederum als unterlassene Hilfeleistung sehen. Die Roboter müssten hier also entscheiden, was sowohl medizinisch als auch moralisch richtig wäre. Ein Mensch könnte bei so einem Dilemma auf seine Erfahrung zurückgreifen und ethische und moralische Grundsätze gründlich abwägen. Er könnte mit der Person oder Angehörigen sprechen, empathisch auf sie einwirken und ganz individuell entscheiden. Eine Maschine müsste für so eine komplexe Situation erst sehr umfangreich programmiert werden und es ist derzeit fraglich, ob dies überhaupt jemals möglich sein wird.

Nachteil 2: fehlende Moral der Maschinen bei Entscheidungen

Maschinen können uns Menschen bereits viele Tätigkeiten abnehmen und Altenpflegekräfte entlasten. Auf Dauer gesehen sind sie auch kostengünstiger als Pflegepersonal. Aber das ist nicht, was diesen Beruf ausmacht. Alte oder kranke Menschen brauchen zwischenmenschliche Beziehungen, um nicht zu vereinsamen. Vieles kann man programmieren, aber Mitgefühl, Teamgeist und Freude am engen Kontakt mit Menschen können Roboter pflegebedürftigen Menschen (noch) nicht geben. (639 Wörter)

Schluss
Stellungnahme: Zwischenmenschliche Beziehungen sind wichtiger als Kosteneinsparungen.

9. **Hinweis:** *Ein Erzähltext ist eine Alltagsgeschichte, die beispielsweise in Form einer Urlaubserzählung, eines Märchens, eines Tagebucheintrages oder Ähnlichem gestaltet werden kann. Wichtig ist, dass zu erkennen ist, welche spezielle Textsorte du gewählt hast. Inhaltlich muss das Thema „Mensch und Künstliche Intelligenz" aufgegriffen werden. Achte auf eine korrekte Rechtschreibung und grammatikalisch richtige Sätze. Um den Text interessant zu gestalten, solltest du verschiedene Satzanfänge und Stilfiguren wie sprachliche Bilder und Vergleiche verwenden.*

Modernes Märchen

Es war einmal ein junger Mann, der in einer ungewöhnlichen Wohngemeinschaft lebte. Sein Mitbewohner war ein Roboter. Mit ihm teilte sich der junge Mann eine kleine Wohnung und den Alltag. Egal ob kochen, putzen oder Spieleabende, alles machten sie gemeinsam.
Tagsüber war der Roboter in einem Pflegeheim beschäftigt. Sieben Mal pro Woche fuhr er zur Arbeit und half bei der Pflege der Menschen. Er unterstützte die Angestellten bei allen schweren körperlichen Tätigkeiten: Betten machen, die Menschen hochheben oder sie in Behandlungsräume bringen. Sogar wie ein Mensch kommunizieren konnte der Roboter. All das hatte der junge Mann ihn gelehrt. Der junge IT-Fachmann arbeitete auch im Pflegeheim. Er hatte den Roboter entwickelt und mit seinen Fähigkeiten ausgestattet. Um ihm noch mehr beizubringen, hatte der junge Mann die Idee mit der gemeinsamen Wohnung. Erst zog der Roboter nur versuchsweise ein, doch bald entstand aus dem Projekt eine Freundschaft. Die beiden hatten an den Feierabenden großen Spaß beim gemeinsamen Spielen und tauschten sich auch über Erlebnisse aus. Zudem veranstalteten die Freunde Wettbewerbe. Sie lösten Quizfragen, mit denen sie ihre Intelligenz verglichen. Anfangs gewann hier noch der junge Mann, doch der Roboter wurde immer schlauer. Ihre Kräfte maßen sie beim Armdrücken. Wer da wohl gewann? Der junge Mann war durch jahrelanges Fitnesstraining bärenstark, doch gegen die Muskeln aus Stahl kam er nicht an. Aber das war nicht schlimm. Er war sehr stolz auf seinen Freund und bis heute leben die beiden glücklich zusammen. (238 Wörter)

Lösungsvorschläge zu Text 2

1. a) **Hinweis:** *Bei dieser Aufgabe musst du den Unterschied zwischen innerer und äußerer Handlung herausarbeiten. Erkläre beide Begriffe und beziehe die Textausschnitte mit ein.*

Die äußere Handlung eines Romans bezieht sich auf die offensichtlichen Geschehnisse oder sichtbare Erlebnisse der Hauptpersonen. In dem vorgegebenen Satz wird darauf verwiesen, was Julie macht, ohne dabei auf ihr Innenleben einzugehen: Sie zählt die Kachel zu den vorherigen dazu.
Die innere Handlung eines Textes hingegen bezieht sich auf die Gedanken, Gefühle oder die Stimmung der Personen. Julie ist überwältigt von der Idee des Briefeschreibers, ihr eine zusätzliche Kachel zu schicken, und möchte ihn deshalb kennenlernen.

b) **Hinweis:** *Hier sollst du eine Tabelle zeichnen, wie du sie in Aufgabe 1 b siehst. Die äußere Handlung ist die reine Tatsache, dass Julie einen Blumenstrauß erhält. Suche zunächst diese Textstelle und notiere dazu auch die Zeilennummer. Die innere Handlung bezieht sich auf die Gefühle und Gedanken, die Julie beim Erhalt der Blumen empfindet. Suche auch diese Textstelle und schreibe die Zeilenangabe dazu auf.*

äußere Handlung	innere Handlung
Z. 6 Julie bekommt einen Blumenstrauß.	Z. 1–5 Julie ist überrascht, weil das ein besonderes Ereignis für sie ist.

2. a) **Hinweis:** *Parallelismus wird häufig in der Literatur, aber auch in der Werbung verwendet. Sicher kennst du auch Sprichwörter, in denen Parallelismus vorkommt, z. B.: „Vertrauen ist gut, Kontrolle ist besser.“ Bei diesem Stilmittel werden Satzglieder immer wieder gleich angeordnet oder Wörter wiederholt. Dem Leser oder der Leserin soll somit eine Aussage besonders gut im Gedächtnis bleiben oder es soll etwas hervorgehoben werden.*

Mithilfe des Parallelismus verdeutlicht der Autor, dass beide Hauptfiguren in einer ähnlich guten Grundstimmung sind und dass diese durch die Worte und die Existenz des anderen verursacht wurde. An beiden Textstellen zählt er hierfür in sich wiederholendem Satzbau Dinge auf, die nun besser sind oder werden (z. B. „lässt alle Farben heller leuchten, nimmt meinem Alltag seine Schwere“ und „die Zeit verging schneller, das Neonlicht war wärmer“).

b) **Hinweis:** *Suche im Text nach den dir bekannten Stilmitteln. Schreibe zwei Stück mit dem richtigen Fachbegriff auf und nenne jeweils ein Beispiel. Zeilenangaben sind hier nicht erforderlich, helfen dir aber sicher, wenn du deine Lösung später noch mal durchliest.*

Mögliche Stilmittel und Textstellen:

- Im Text kommen mehrere Metaphern vor, z. B.: „den Laufpass gegeben“ (Z. 4), „einen Verseschmied“ (Z. 19), „in Ihr Leben platze“ (Z. 28).

- Die Ausdrücke „gigantischer Blumenstrauß“ (Z. 6) und „lässt alle Farben heller leuchten“ (Z. 24) sind Hyperbeln.
- In Z. 9 findet sich eine rhetorische Frage: „Und was war drin?“ Hier wird keine Antwort erwartet. Der Autor beantwortet sie automatisch.
- Die Ausdrücke „dornigen Ding“ (Z. 5) und „Zunge zergehen“ (Z. 53) sind Alliterationen, denn sie beginnen mit dem gleichen Konsonanten.
- Der Text enthält Wiederholungen, z. B. „Und was soll ich sagen?“ (Z. 55 und 69).

3. **Hinweis:** *Ab Zeile 46 beschreibt Julie ausführlich, was sie über den Brief denkt und wie sie empfindet. Achte beim Zitieren darauf, die Zeilenangabe anzugeben, Anführungszeichen zu setzen und gegebenenfalls Auslassungszeichen einzufügen.*

Mögliche Textstellen:

- „Dieser Guylain mochte vollkommen durchgeknallt sein – aber sein Brief haute mich einfach um.“ (Z. 46/47)
- „Ich las den Brief noch ein zweites Mal, dann ein drittes … Um ehrlich zu sein, im Laufe des Tages habe ich ihn bestimmt an die zwanzig Mal gelesen.“ (Z. 50/51)
- „Sobald ich Wischmopp, Eimer und WC-Reiniger einmal kurz wegstellen konnte, nahm ich ihn zur Hand, ließ mir jedes Wort auf der Zunge zergehen […].“ (Z. 52/53)

4. **Hinweis:** *Beachte, dass du bei Aufgabe 5* ***entweder*** *Wahlaufgabe A* ***oder*** *Wahlaufgabe B bearbeiten musst. Der Vollständigkeit halber findest du hier beide Lösungen.*

Wahlaufgabe A

Hinweis: *Ein innerer Monolog ist ein gedankliches Selbstgespräch. Überlege, wie Guylain sich fühlt, nachdem er Julie per Post kontaktiert hat. Was könnte ihm alles durch den Kopf gehen? Gehe auf seine Ängste und Hoffnungen ein. Mach dir dazu am besten erst einmal stichpunktartige Notizen. Bedenke, dass du drei Gedankengänge aufnehmen sollst. Verfasse dann den inneren Monolog. Denke daran, dass du in die Rolle von Guylain schlüpfen und aus seiner Sicht in der Ich-Form schreiben musst. Damit dein Monolog möglichst anschaulich wird, kannst du umgangssprachliche Ausdrücke, unvollständige Sätze, Ausrufe oder Fragen an dich selbst einsetzen. Schreibe im Präsens.*

Jetzt gibt es kein Zurück mehr. Ich habe den Brief abgeschickt. Wie es nun wohl weitergeht? Eigentlich war es ja nicht richtig von mir, dass ich den Stick geöffnet und alles gelesen habe. Richtig herumgeschnüffelt habe ich und damit ganz klar ihre Privatsphäre verletzt. Vielleicht zeigt mich Julie sogar bei der Polizei an! Dann droht mir richtig Ärger. Oder vielleicht fühlt sich Julie belästigt von mir. Nachdem ich in ihr Privatleben eingedrungen bin, wage ich es jetzt auch noch, ihr so einen Brief, Blumen und eine Kachel zu schicken! Im besten Fall zeigt sie mich vielleicht doch nicht an und wirft den Brief einfach weg. Aber vielleicht liege ich ja ganz falsch? Wie sehr würde ich mir wünschen, sie zu treffen und wirklich kennenzulernen! Ich gebe die Hoffnung auf ein Happy End noch nicht auf! Vielleicht ruft sie morgen an …

Wahlaufgabe B

Hinweis: *Versetze dich in die Gedankenwelt von Julie und Guylain. Schreibe das Telefonat der beiden als Dialog und beziehe den Brief und die Geschenke mit ein. Das Gespräch kann zu einem Treffen führen oder ein Streitgespräch sein. Beachte, dass du genau sechs Sprechakte formulierst. Verwende wörtliche Rede und achte dabei auf die richtige Zeichensetzung.*

JULIE: „Hallo, hier ist Julie. Ich habe Ihren Brief, die Blumen und das Päckchen erhalten."

GUYLAIN: „Oh! Ich freue mich, dass Sie sich tatsächlich melden!"

JULIE: „Nun ja, ich war zuerst verwirrt und habe mich gefragt, woher Sie meine Adresse haben und wie ich dazu komme, Blumen geschickt zu bekommen ..."

GUYLAIN: „Das kann ich verstehen. Es tut mir leid! Was ich auf dem USB-Stick gefunden habe, hat mich so sehr fasziniert, dass ich Sie unbedingt kennenlernen wollte. Aber ich bin in Ihre Privatsphäre eingedrungen. Ich hätte das nicht tun dürfen. Bitte verzeihen Sie mir!"

JULIE: „Es ist okay. Ihr Brief hat mich nach dem ersten Schock sehr berührt. Noch nie habe ich mich so verstanden gefühlt. Und besonders freue ich mich über die Geste mit der Kachel. Ich würde Ihnen daher gerne acht Minuten meiner Zeit schenken. Wer weiß, vielleicht sogar noch mehr ... Morgen um 14.00 Uhr im Café neben dem Einkaufszentrum?"

GUYLAIN: „Puh, jetzt bin ich aber erleichtert. Und ja, morgen um 14.00 Uhr im Café ist ausgezeichnet. Ich freue mich sehr. Danke, dass Sie mir diese Chance geben! Ich bin schon gespannt, noch mehr über Sie zu erfahren. Bis morgen!"

5. **Hinweis:** *Beachte, dass du bei Aufgabe 5* ***entweder*** *Wahlaufgabe A* ***oder*** *Wahlaufgabe B bearbeiten musst. Der Vollständigkeit halber findest du hier beide Lösungen.*

Wahlaufgabe A

Hinweis: *Der Text bietet einige Hinweise auf die aktuelle Situation sowie die Gemeinsamkeiten oder eine gemeinsame Zukunft der beiden Hauptfiguren. Markiere diese im Text und schreibe dann eine sinnvolle Begründung des Deutungsansatzes, die du mit zwei Textstellen belegst. Zeilenangaben sind nicht unbedingt erforderlich, helfen dir aber dabei, den Überblick zu behalten.*

Julie und Guylain führen aktuell keine Liebesbeziehung und haben auch kein aufregendes Leben. Eine Beziehung zwischen den beiden könnte für sie der Anfang von einem neuen, gemeinsamen Leben sein. Dass Julie das so sieht, wird im Text durch ihr Fazit „[...] wie geschaffen für einen Neuanfang" (Z. 72) deutlich.
Die beiden könnten sich über Literatur austauschen und somit ihr Leben gegenseitig bereichern. Guylain berichtet in seinem Brief: „Außerdem liebe ich Bücher [...]" (Z. 17), und Julie schreibt Texte, die sie auf ihrem USB-Stick abspeichert. Dieses gemeinsame Interesse könnte die Basis der Beziehung sein.

Wahlaufgabe B

Hinweis: *Überlege dir für diese Aufgabe z. B., wie sich die Beziehung der beiden Hauptfiguren weiterentwickeln könnte. Denke an den Bezug zum Text und finde eine passende Textstelle als Beweis für deinen Deutungsansatz. Zeilenangaben sind nicht unbedingt erforderlich, helfen dir aber dabei, den Überblick zu behalten.*

Guylain hat ohne Zustimmung Julies USB-Stick geöffnet und ihre privaten Dokumente gelesen („Doch dann, nachdem ich Ihre Texte gelesen hatte […]“, Z. 32). Das ist ein großer Vertrauensbruch, der in einer zukünftigen Beziehung zu Problemen und Misstrauen führen könnte. Außerdem wäre es möglich, dass Guylain auch in Zukunft Grenzen überschreitet.

6. **Hinweis:** *Hier wird eine klassische Inhaltsangabe erwartet. Beginne diese immer mit einem Basissatz, in dem du Titel, Autor*in und Textart nennst. Fasse in einem weiteren Satz die Kernaussage des Textes zusammen. Für den Hauptteil ist es sinnvoll, den Text in Sinnabschnitte zu unterteilen. Markiere dafür Schlüsselbegriffe im Text. Jeden Sinnabschnitt fasst du dann mit wenigen Sätzen zusammen. Achte darauf, dass eine zusammenhängende Zusammenfassung entsteht. Formuliere deine Sätze mit eigenen Worten. Schreibe im Präsens.*

Die Erzählung „Die Sehnsucht des Vorlesers“ von Jean-Paul Didierlaurant wurde im Jahr 2017 veröffentlicht. Es geht darin um einen Liebesbrief, den Julie von Guylain Vignolles bekommt, nachdem er ihren USB-Stick gefunden und alle Dateien darauf angeschaut hat.
Der Text beginnt aus Julies Sicht. Sie erhält einen Blumenstrauß, ein Päckchen und einen Brief und erzählt, dass sie so etwas noch niemals zuvor bekommen hat. Beim Öffnen des Päckchens, das eine Kachel enthält, ist sie sehr nervös. Als Nächstes liest sie Guylains Brief, der für die Leser*innen des Textes abgedruckt ist.
Guylain schildert darin Details aus seinem Leben. Er mag beispielsweise Bücher und hat kaum Freunde. Außerdem gesteht er Julie, dass er ihren USB-Stick gefunden und angeschaut hat und sie danach unbedingt kennenlernen wollte. Guylain erklärt, dass er Julie eine Kachel als Entschuldigung für das Lesen der Dateien schenkt, und bittet um ein persönliches Treffen.
Danach kommt Julie wieder zu Wort und beschreibt ihre Reaktion. Sie ist fasziniert von dem Brief und plant eine Kontaktaufnahme.

7. **Hinweis:** *Beginne mit der Grafikauswertung. Lies hierfür bei beiden Geschlechtern die Eigenschaft mit dem höchsten und mit dem niedrigsten Wert ab und vergleiche, ob sie hier übereinstimmen. Überprüfe außerdem, ob Frauen und Männern weitere Eigenschaften gleich wichtig sind. Stelle deine Erkenntnisse den im Text beschriebenen Charaktereigenschaften von Julie und Guylain gegenüber. Nun kannst du schlussfolgern, welche Chance eine Liebesbeziehung zwischen den beiden hat.*

Laut der Statistik kommt es für Frauen und Männer bei der Partnerwahl hauptsächlich auf die Persönlichkeit des anderen an. Zudem sind beiden Geschlechtern gleiche Interessen wichtig. Geld spielt sowohl für Männer als auch für Frauen dagegen keine Rolle bei der Partnersuche. Guylain beschreibt sich als eher einsamen, Bücher liebenden Goldfischbesitzer. Ob Julie viele Freundschaften pflegt, ist unbekannt. Aber auch sie hat eine seltsame Angewohnheit, das

Zählen von Kacheln. Außerdem schreibt Julie ihre Gedanken anscheinend auf und speichert diese auf einem USB-Stick. Dieses gemeinsame Interesse für Sprache bietet die Chance auf eine mögliche Liebesbeziehung. Geld und ein ausschweifendes Leben scheint beiden eher unwichtig zu sein. Das ist eine weitere Übereinstimmung, die darauf hindeutet, dass eine Liebesbeziehung zwischen ihnen möglich wäre.

8. **Hinweis:** *Gefordert wird eine dialektische Erörterung, also eine Erörterung, die Pro- und Kontra-Argumente abwägt. Du sollst auf das Für und Wider der Kommunikation über Kurznachrichten eingehen. Das heißt, dass du dir Vor- und Nachteile des Austauschs über Messenger-Apps überlegen sollst. Beginne mit einer Stoffsammlung, z. B. in einer Mindmap. Welche Möglichkeiten eröffnen Kurznachrichten? Wo sind sie eher hinderlich? Denke dabei daran, wie du Nachrichtendienste wie WhatsApp oder Signal nutzt, und beachte auch technische Aspekte. Schreibe alles auf, was dir dazu einfällt. Ordne deine Notizen anschließend und erstelle eine strukturierte Gliederung. Danach schreibst du deine Erörterung. Beginne sie mit einer Einleitung. Diese muss das Thema des Textes enthalten, darf aber noch kein Argument vorwegnehmen. Anschließend schreibst du den Hauptteil, in dem du deine Argumente sachlich ausführst. Beginne deinen Text mit dem schwächsten und beende ihn mit dem stärksten Argument. Achte darauf, dass jedes Argument eine Behauptung, eine Begründung und ein Beispiel enthält. Beende den Text mit einer klaren Positionierung für oder gegen Kurznachrichten. Begründe deine Meinung. Äußerlich sollte der Text mithilfe von Absätzen gegliedert sein. Achte auf eine korrekte Orthografie, die Zeichensetzung und eine treffende Wortwahl. Wechsle deine Satzmuster und Satzanfänge ab.*

Gliederung und Lösungsbeispiel

Einleitung

Hinführung und Themenfrage: Der Austausch per Smartphone ist fester Bestandteil des Alltags. Was ist das Für und Wider der Kommunikation über Kurznachrichten?

Hauptteil

1. Nachteile
   1.1 Entstehung von Missverständnissen
   1.2 fehlender Datenschutz
2. Vorteile
   2.1 einfache und schnelle Kommunikation
   2.2 Kommunikation unabhängig von räumlichen und zeitlichen Grenzen

Schluss

Stellungnahme: Kurznachrichten ermöglichen grenzenlose Kontakte.

Einleitung
Austausch per Smartphone alltäglich

Das Smartphone ist aus dem Alltag der meisten Jugendlichen nicht mehr wegzudenken. Sie recherchieren damit Informationen und schauen sich Bilder und Videos zur Unterhaltung an. Aber hauptsächlich nutzen sie es zur Kommunikation, meist mit Hilfe von Kurznachrichten. Die Verabredung am Nachmittag, der Austausch über Hausaufgaben oder einfach nur ein kurzer

Gruß – alles läuft virtuell ab. Sogar Liebesbriefe sind fast ausgestorben, sie werden heutzutage per Messenger verschickt. Doch was genau ist das Für und Wider dieser Art der Kommunikation?

Hauptteil
Nachteil 1: Entstehung von Missverständnissen

Ein Nachteil von Kurznachrichten ist, dass beim Lesen einer Nachricht Gefühle schwer zu erkennen sind und so schneller Missverständnisse entstehen. Emotionen nimmt man vor allem durch die Körpersprache des Gegenübers wahr. Diese wird allerdings beim Versenden einer Nachricht nicht übermittelt. Eine Aussage könnte witzig gemeint sein, der Empfänger oder die Empfängerin versteht den Spaß allerdings nicht und nimmt die Sache ernst. Um Missverständnisse dieser Art zu vermeiden, werden daher häufig Emojis verwendet. Doch auch diese werden teilweise unterschiedlich interpretiert und es kommt immer wieder zu unangenehmen Situationen, etwa wenn eine ironische Äußerung in einer Kurznachricht wortwörtlich verstanden wird.

Nachteil 2: mangelhafter Datenschutz

Wenn man Kurznachrichten verschicken will, muss man hierfür einen Messengerdienst wie beispielsweise WhatsApp nutzen. Dabei stellt sich die Frage nach dem Datenschutz. Es kann immer wieder zu Sicherheitslücken kommen, durch die Fremde auf private Nachrichten und Bilder zugreifen könnten. Außerdem verwenden viele Anbieter Nutzerdaten zur Personalisierung von Werbung oder sie stellen diese Dritten zur Verfügung. Zusätzlich können persönliche Daten im privaten Umfeld in falsche Hände geraten. Inhalte von Nachrichten können in der Regel von allen Chatteilnehmer*innen gelesen, gespeichert und weitergeleitet werden. Wenn es um sehr persönliche Nachrichten geht oder auch mal Partybilder verschickt werden, kann das zu verletzenden und peinlichen Situationen führen. Was einmal per Kurznachricht kommuniziert wurde, kann zudem auch Jahre später wiedergefunden und verbreitet werden. Das kann einen Streit beispielsweise neu entfachen. Die Kommunikation per Kurznachricht ist also auf keinen Fall datensicher.

Vorteil 1: einfache und schnelle Kommunikation

Ein klarer Vorteil der Kommunikation mithilfe von Kurznachrichten ist, dass sie einfacher und schneller ist als ein persönliches Gespräch. Alles, was man sagen will, wird kurz und bündig in einer Nachricht zusammengefasst und abgeschickt. Der Empfänger oder die Empfängerin kann ebenso schnell und knapp antworten. So können wichtige Informationen rasch ausgetauscht werden, selbst wenn man gerade in der Arbeit oder mit anderen Menschen unterwegs ist. Über Messengerdienste kann man darüber hinaus eine ganze Gruppe gleichzeitig über Neuigkeiten informieren. Plant man beispielsweise eine gemeinsame Party, kann man diese mithilfe der virtuellen Kommunikation schnell und unkompliziert organisieren.

Vorteil 2: Unabhängigkeit von räumlichen und zeitlichen Grenzen

Ein weiterer Vorteil der Kommunikation über Kurznachrichten ist, dass man unabhängig von räumlichen und zeitlichen Grenzen kommunizieren kann. Da heutzutage fast alle über ein Smartphone mit Internetzugang verfügen, sind auch alle ständig erreichbar – egal, ob man sich Tausende Kilometer entfernt im Urlaub befindet oder nur in einer anderen Stadt. So kann man unabhängig von Zeitzonen und Entfernungen mit Freund*innen oder Verwandten auf der ganzen Welt kommunizieren. Eine Kurznachricht kann jederzeit verschickt werden und der Empfänger oder die Empfängerin kann sie lesen, wenn er oder sie wach ist und Zeit dafür hat. Man kann also gegenseitig am Alltag teilhaben, selbst wenn man sich auf unterschiedlichen Kontinenten befindet.

Schluss
Stellungnahme: Kurznachrichten ermöglichen grenzenlose Kontakte

Zusammenfassend lässt sich sagen, dass Lücken im Datenschutz und eventuell entstehende Missverständnisse durchaus Nachteile der Kommunikation über Kurznachrichten sind. Doch unsere Welt hat sich in den letzten Jahrzehnten verändert. Wir leben globaler und haben manchmal auch nicht die Gelegenheit für ein persönliches Treffen. Trotzdem ist es wichtig und schön, schnell und unkompliziert mit lieben Menschen in Kontakt bleiben zu können. Viele Messenger-Apps ermöglichen zudem die Kommunikation über Videochats, bei denen man das Gegenüber sieht. Das ist sicher eine gute Lösung, um sich zusätzlich zu Nachrichten auszutauschen und Missverständnisse in der Kommunikation zu vermeiden. (604 Wörter)

9. **Hinweis:** *Gefordert ist ein kurzer Aufruf an ein jugendliches Publikum. In dem Text sollte herausgearbeitet sein, für welchen Lebensbereich du zu mehr Mut aufforderst. Verwende die Du-Form, da du Jugendliche ansprichst. Beziehe deine Erkenntnisse aus dem Text und den Materialien mit ein. Du kannst z. B. Zitate aus M 4 in deinen Text einbauen oder als Schreibanlass nehmen. Beginne deinen Aufruf mit einer Überschrift und gliedere ihn in sinnvolle Abschnitte. Es sollen ein einleitender Gedanke, Handlungsmöglichkeiten und eine Schlussformel enthalten sein. Achte auf den korrekten Satzbau und eine korrekte Rechtschreibung.*

Öfter mal was Neues wagen – Mut tut gut!

Verliebt sein ist das Schönste auf der Welt! Aber wenn eine Beziehung zerbricht, kann das auch das Schmerzlichste im Leben sein. Doch dieser Artikel soll nicht über den Schmerz und die Traurigkeit berichten, die wir spüren, wenn eine Beziehung zerbricht. Nein, hier soll Mut gemacht werden, wieder zu vertrauen und sich auf ein neues Abenteuer einzulassen.

Nach einer Trennung fällt es den meisten Menschen unglaublich schwer zu erkennen, dass diese auch ein Neubeginn ist. Zu sehr sind sie gefangen im Wechselbad der Gefühle voller Angst, Wut, Trauer und Schuldgefühlen. Viele denken auch verzweifelt, dass sie die große Liebe, die für immer hält, nie finden werden. Doch eigentlich besteht genau jetzt die Chance auf einen Neuanfang. Eine Chance, sich selbst zu lieben, weiterzuentwickeln, dann vielleicht doch den Partner oder die Partnerin fürs Leben zu finden oder zu erkennen, dass man auch allein sehr glücklich und zufrieden ist.

Gib nicht auf, sondern nimm dir Zeit für dich selbst! Tu dir etwas Gutes. Nimm dir eine Auszeit und verreise oder triff Freundinnen, Freunde und Bekannte. Vielleicht lernst du dabei nicht nur etwas über dich selbst, sondern auch neue Menschen kennen. Und dann verstehst du, was Meister Eckhart mit seinem Spruch sagen wollte: „Und plötzlich weißt du: Es ist Zeit, etwas Neues zu beginnen und dem Zauber des Anfangs zu vertrauen."

Viel Glück und sei mutig! (222 Wörter)

Abschlussprüfungs-aufgaben

© olly/Fotolia.com (oben), © lightpoet/Fotolia.com (Mitte), © Yuri Arcurs/Fotolia.com (unten)

M10-Prüfung an Mittelschulen in Bayern 2023
Deutsch

Um dir die Prüfung 2023 schnellstmöglich zur Verfügung stellen zu können, bringen wir sie in digitaler Form heraus.

Sobald die Original-Prüfungsaufgaben 2023 zur Veröffentlichung freigegeben sind, können sie als PDF auf der Online-Plattform *MyStark* heruntergeladen werden (Zugangscode vgl. Umschlag-innenseite).

Aktuelle Prüfung

www.stark-verlag.de/mystark

Dein kostenloses **Stärkenprofil**

Du wagst demnächst den Schritt in die Berufswelt, aber weißt noch nicht, was du als Stärken angeben kannst?
Mit **Aivy** findest du es auf spielerische Art heraus.

Aivy ist…

…für dich kostenlos.

…interaktiv und spielerisch.

…ganz auf deine Person fokussiert.

Lerne dich selbst besser kennen und **entdecke deine Berufung!**

www.stark-verlag.de

STARK

Bist du bereit für deinen Einstellungstest?

Hier kannst du testen, wie gut du in einem Einstellungstest zurechtkommen würdest.

1. Allgemeinwissen
Der Baustil des Kölner Doms ist dem/der … zuzuordnen.

a) Klassizismus b) Romantizismus
c) Gotik d) Barock

2. Wortschatz
Welches Wort ist das?

N O R I N E T K T A Z N O

3. Grundrechnen
-11 + 23 - (-1) =

a) 10 b) 11 c) 12 d) 13

4. Zahlenreihen
Welche Zahl ergänzt die Reihe logisch?

17 14 7 21 18 9 ?

5. Buchstabenreihen
Welche Auswahlmöglichkeit ergänzt die Reihe logisch?

e d f f e g g f h ? ? ?

a) h i j b) h g i c) f g h d) g h i

Lösungen: 1 c; 2 Konzentration; 3 d; 4 27; 5 b

Alles zum Thema Einstellungstests findest du hier:

www.stark-verlag.de

STARK

Bei Fragen rund um das Thema „Bewerbung“ **helfen dir unsere Bücher**.

www.stark-verlag.de

STARK

PRÜFUNGS-ANGST

STOPP DIE PANIK

Mit der Fußsohlen-Methode

Prüfungen können Angst- und Fluchtsituationen sein. Dein Körper schüttet Adrenalin aus und dämpft das Gefühl in den Füßen. Z. B. beim Weglaufen ist es gut, wenn man die Füße nicht spürt. Eine Prüfung ist aber **keine Gefahrensituation**. Signalisiere deinem Körper, dass du nicht weglaufen musst, und bring das Gefühl in deine Füße zurück:

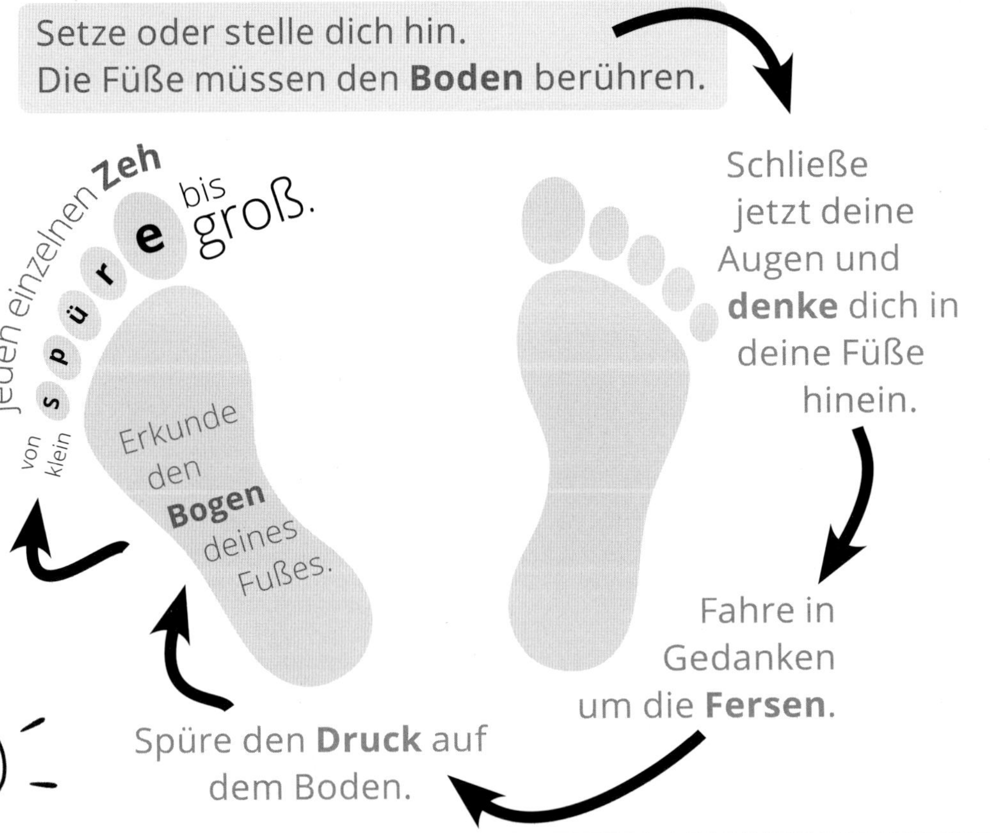

Dein Körper **fühlt** die Füße wieder und denkt, er sei in keiner Panik-Situation, sondern in **Sicherheit**.

www.stark-verlag.de **STARK**